TAMINA KALLERT

Und dann kommt das Meer in Sicht

TAMINA KALLERT

Und dann kommt das Meer in Sicht

Wunderschöne Reisegeschichten vom Aufbrechen und Ankommen

Kösel

Penguin Random House Verlagsgruppe FSC® N001967

Copyright © 2022 Kösel-Verlag, München,
in der Penguin Random House Verlagsgruppe GmbH,
Neumarkter Str. 28, 81673 München
© WDR, Köln
Lizenziert durch die WDR mediagroup GmbH
Konzept- und Textberatung: Bettina Burchardt
Umschlag: zero-media.net, München
Umschlagmotiv: © WDR / Annika Fußwinkel
Innenteilillustrationen: stock.adobe.com: 5, 13, 31, 49, 71, 91, 115, 137, 159, 183 (tereez), 9 (Colorlife)
Satz: Satzwerk Huber, Germering
Druck und Bindung: GGP Media GmbH, Pößneck
Printed in Germany
ISBN 978-3-466-37281-2
www.koesel.de

INHALT

Eine Reise wird am besten in Freunden gemessen, nicht in Meilen.

Tim Cahill

RRRRRRAAACK!

Reisen, Ferien, Auszeit, Urlaub … Es gibt viele Namen für die Zeit, in der man sich Abstand vom Alltag gönnt. Jeder verbindet mit ihr bestimmte Gerüche und Geräusche, Ausblicke und Geschmackserlebnisse. Für die einen sind es die klare, mit einem würzigen Duft nach Kiefernadeln und Schnee gesättigte Bergluft, das Läuten von fernen Kuhglocken und die samtige Oberfläche alter Hüttenwände, deren Holz über Jahrzehnte in Sonne und Eis silbrig-grau geworden ist. Andere bevorzugen große Hotelanlagen und fühlen sich sofort in den Freizeit-Modus versetzt, wenn sie das Lachen und Rufen von Kindern im Swimmingpool hören und den Geruch von Spiritus in der Nase haben, mit dem die Warmhalteplatten der großen Büfetts betrieben werden. Auch der Blick aus einem alten Fischerhäuschen auf einen stillen See, der Spaziergang über mit Buchenblättern bedeckte, weich-federnde Waldwege oder die Farbe und der Duft von Rotwein, der auf einer Piazza genossen wird, können einen umgehend in den Urlaubsmodus beamen.

Bei mir sind es zwei Dinge, die für Reiselust pur stehen. Da ist zum einen das ultimative und unverwechselbare Geräusch des Aufbruchs: Rrrrrraaack! – so klingt die zuschnalzende Tür eines VW-Busses. Nach einem ersten Anfangswiderstand beginnen die Rollen metallisch-satt in der Schiene zu laufen, erst langsam, dann immer schneller. Am Ende dann der finale, ein wenig scheppernde Rumms, der anzeigt: Tür ist zu, es kann losgehen.

Dieses Geräusch hat mich meine ganze Kindheit hindurch begleitet und meine Sehnsüchte nach Ferien und abenteuerlichen Entdeckungen befeuert. Seit ich denken kann, begann jede Reise mit einem Wecken in aller Herrgottsfrühe, einem eiligen Frühstück und – endlich! – dem Einsteigen in den schon am Vortag fertig gepackten VW-Bus. Meine Eltern hatten ihn hinten mit Matratzen ausgepolstert, auf denen mein Bruder und ich uns während der Fahrt tummeln konnten, von Anschnallgurten war noch nicht die Rede. Zur festen Besatzung gehörte auch der Familienhund, der nach anfänglicher Sorge, die sich bis zur Panik steigerte, höchst erleichtert war, dass er auch wirklich mitgenommen wurde.

Oft ging es ans Mittelmeer. Griechenland, Jugoslawien, Italien ... Die Berge und Täler des Schwarzwaldes, an dessen Rand meine Heimatstadt Freiburg liegt, wichen zurück, das Land wurde flacher, der Blick weit. Auch auf unseren Fahrten an die französische Atlantikküste war das so. Weil die Ferien in Süddeutschland schon immer etwas später losgingen, hatte der Sommer seinen Zenit meist schon leicht überschritten und auf den für den Osten Frankreichs so typischen, riesigen Feldern bildeten die aufgetürmten Strohballen in unserer Fantasie Schlösser und Burgen. Die Straße führte in Wellen leicht auf und ab, am Himmel türmten sich Schönwetterwolken, durch das offene Seitenfenster kam Luft, die so ganz anders roch als daheim, im Radio lief Supertramp. Irgendwann dann das erste Grillenzirpen, die ersten Eidechsen, die in Trockenmauerritzen huschten. Ein Zwischenstopp musste sein, bei Anbruch der Dunkelheit fuhren wir von der Straße ab und suchten ein ruhiges Plätzchen. Das Dach des VW-Busses wurde aufgestellt. Wir Kinder waren dann schon todmüde und bekamen nicht mehr viel mit. Am nächsten Morgen erwachten wir voller Neugier darauf, was wir zu sehen bekommen würden, sobald wir den Reißverschluss des Dachzeltes öffneten. Sssssiippp! Das melodische Singen des Reißverschlusses ist sozusagen die kleine Schwester des Rrrrrraaack! und genauso verheißungsvoll. Ein stiller See, eine grüne Wiese oder ein Wäldchen begrüßte uns, es war ein Lotto ohne Nieten. Ein Kaffee für die Erwachsenen, ein Kakao für die Kinder und ein schnelles Müsli für alle, dann ging es weiter. Die Umgebung wurde immer südländischer, wir passierten die ersten Pinienwälder, in den Dörfern roch es nach Brioches und heißen Pflastersteinen. Die Spannung stieg, denn an manchen Stellen konnten wir in der Ferne schon den Atlantik aufblitzen sehen, aber dann ging es doch noch gefühlte Ewigkeiten durch kleinste Dörfer und sonnenverbrannte Felder. Schließlich stellten meine Eltern den Bus auf einem Parkplatz ab und wenn wir ausstiegen, hatten wir nicht Asphalt unter den Sohlen, sondern Sand zwischen den Zehen.

Das Meer muss ganz nah sein! Wir hören das Möwengekreisch, aber die Dünen versperren noch die Sicht. Wie die Wilden rasen wir die Sandberge hoch, der Hund nebenher, in dem weichen, warmen Sand rutschen wir bei jedem Schritt einen halben wieder zurück. Jetzt sind wir schon fast oben auf dem Dünenkamm und dann kommt endlich, endlich das Meer in Sicht! Diese Weite! Ich höre die Wellen rauschen, eine Brise weht mir die Haare aus dem Gesicht, es riecht nach Sonne und Salz. Das Gefühl maximaler Freiheit durchströmt mich.

Vor mir das Meer – genau dies ist nach dem »Rrrrrraaack« mein zweiter Schlüsselmoment des Loslassens und der Regeneration. Es ist ein großes Aufatmen – das geht mir auch heute noch so. Alle Sehnsüchte sind erfüllt. Und doch bedeutet dieser erste Blick aufs Meer nicht etwa, dass ein Ziel erreicht worden wäre. Ganz im Gegenteil. Als Kind bedeutete das Ankommen am Meer, dass die Ferien begannen. Daran hat sich nichts geändert.

Wenn das Meer in den Blick kommt, geht es erst so richtig los.

TREFFPUNKT
DER WELTUMSEGLER

Also wirf die Leinen los und segle fort aus dem sicheren Hafen.
Fang den Passatwind in deinen Segeln.
Forsche! Träume! Entdecke!

Mark Twain

Ich stehe am Fenster meines kleinen Hotelzimmers, draußen ist
es noch stockdunkel und nur ein paar Straßenlampen schicken
ihren gelben Schein in die Schwärze. Gestern am späten Nachmittag sind wir auf dem internationalen Flughafen der Hauptinsel der
Azoren, der Ilha do São Miguel, angekommen und gleich per Pro-
pellermaschine ein paar hundert Kilometer weiter auf eine der kleineren Inseln geflogen. Insgesamt neun winzige Fleckchen vulka-
nischen Gesteins trotzen mitten im wilden Atlantik den Wellen.
Unsere erste Station war laut Drehplan die Insel Faial, gleich neben der Ilha do Pico, die ihren Namen dem riesigen Vulkan Ponta
do Pico verdankt. Beim Landeanflug auf Faial waren die beiden Inseln unter einer dichten Wolkendecke versteckt, nur der Vulkan-
krater ragte aus den Wattebäuschen heraus. Ganz nah flogen wir
an ihm vorbei, was für ein erhabener Anblick! Kann man sich eine
verlockendere Einladung vorstellen, hinter den Wolkenvorhang

zu schauen und die Azoren zu entdecken? Meine Vorfreude auf die kommenden Tage war kaum noch auszuhalten, denn diese Inseln sind für mich völliges Neuland. Dass sie über tausend Kilometer von ihrem Mutterland Portugal entfernt liegen, auf halber Strecke zwischen Europa und Amerika, musste ich erst mal auf einer Karte nachschauen. Auch die klimatischen Verhältnisse ließen sich schnell recherchieren: ein wenig wie in Schottland und Irland, regenreich, nur viel wärmer. Das berühmte Azorenhoch schickt stabile Wetterlagen mit viel Sonnenschein nach Europa, doch auf den Inseln selbst geht es wechselhaft zu, das ganze Jahr über herrscht sozusagen warmes Aprilwetter. So vielfältig wie das Wetter sind auch die Inseln: Verwunschene Nebelwälder und unsagbar grüne Gegenden mit üppigster Vegetation wechseln sich ab mit schroffen Steilklippen und unwirtlichen Lavafeldern.

Die Ankunft in Horta, dem Hauptort von Faial, war allerdings ein kleiner Dämpfer. Es war schon spät geworden, und auf der Fahrt vom Flughafen zu unserer Unterkunft habe ich nicht viel sehen können. Und dann dieses Hotel … naja. Preiswert, sauber, mit freundlichem Personal und günstig gelegen für die Entdeckungstouren des Wunderschön!-Teams. Es hat sogar einen gewissen Charme, aber es ist leider auch ziemlich austauschbar. Hotels wie dieses sind überall auf der Welt anzutreffen, das Einchecken hätte genauso gut in Bukarest oder Kopenhagen stattfinden können. Nichts wies darauf hin, dass wir uns auf einer einzigartigen Inselgruppe weitab von allen Festlandküsten befinden. Müde von der langen Anreise bin ich erst mal in tiefen Schlaf gefallen. Doch jetzt bin ich hellwach. Schlauer wäre es, wenn ich mich noch mal hinlegen würde, um für die kommenden Drehtage fit zu sein. Doch mich hat die Neugier gepackt. Was wartet dort draußen auf mich? Also raus aus dem Zimmer, mal schauen, was es um das Hotel herum zu erkunden gibt. Im Speiseraum ist noch alles verwaist, nur aus der Küche sind Stimmen und das Klappern von Messern auf Schneidebrettern zu hören. Dankbar sehe ich, dass auf dem langen Tisch, auf dem später das Frühstücksbüfett angerichtet sein wird, die Kaffeemaschine schon aufgeheizt ist und Tassen zur Selbstbedienung bereitstehen. Und schon schließe ich unser Hotel viel mehr ins Herz als zuvor. Denn die zur Schlafenszeit vor sich hin blubbernde Kaffeemaschine zeigt, dass das Hotelmanagement auch an jene Menschen denkt, deren Schlafrhythmus aus dem Rahmen fällt. Für mich ist diese Fürsorge ein Zeichen echter Gastlichkeit.

Ich lasse Kaffee in eine der weißen, stapelbaren Kaffeetassen laufen und allein schon das leise Schnorcheln des heißen Wassers stärkt mich für den Tag. Mit der Tasse in der Hand trete ich vor das Hotel und atme erst einmal tief ein. Es ist ganz mild; obwohl der Herbst vor der Tür steht und es kurz vor Sonnenaufgang ja am kältesten ist, reichen mir mein T-Shirt und meine leichte Hose. Diese Luft! Eine feuchte, meeresschwangere Brise mit leichter Hafenwasser- und Dieselnote zieht an mir vorbei. Ein kleiner Weg führt mich zu einer Mauer, von der aus sich der Blick über den Hafen von Madalena öffnet. Ich stelle die Tasse bequem vor mir ab und nehme mit allen Sinnen die Umgebung in mir auf. Die Stadt liegt noch im Schlaf, nur ein paar Jogger traben hinter mir im Dunkeln vorbei und unten am Hafenbecken zieht jemand ein quietschendes Wägelchen die Straße entlang. Zur Geräuschkulisse gehört das unverwechselbare Scheppern der Stahlseile, die unentwegt an die Aluminiummasten der im Hafen schaukelnden Boote schlagen – klong, klong, klong, klong. Weiter hinten, am Ende des Kais, ertönt ein noch lauteres Klonkern. Ah, da hämmert schon jemand an seinem Boot herum. Unmerklich ist aus tiefschwarzer Nacht ein verheißungsvolles Morgengrauen geworden. Die Vögel werden lauter, jenseits des Hafens schält sich die majestätische Silhouette des Pico aus dem Grau. Genau hinter dem Vulkan, der den Horizont beherrscht, geht jetzt die Sonne auf und schickt ihre Strahlen über den Himmel. Was für ein Anblick! Es ist ein reiner Glücksmoment. Aus dem »Naja« des gestrigen Abends ist ein großes »Ja!« geworden. Was für ein vielversprechender Start in den Tag ist so ein Sonnenaufgang! Der etwas plörrige Kaffee tut das seine dazu, Schluck für Schluck ein Stück Aufbruch. Den trinkt man schließlich nicht zum Runterkommen, sondern als Initialzündung, bevor es losgeht. Auf einmal – wumm – kommt der Feuerball der Sonne hinter dem Pico hervor und taucht in Sekundenschnelle alles in gleißendes, warmes Licht. In diesem goldenen Morgenmoment entsteht eine ganz neue Stimmung , das Leben beschleunigt sich, nimmt Fahrt auf. Mit strahlend blauem Himmel zeigen sich die Azoren von ihrer schönsten Seite. Alles scheint eine einzige Aufforderung an mich zu sein: »Los! Auf geht's!« Diese gute halbe Stunde ganz allein für mich habe ich gebraucht, um richtig anzukommen. Jetzt kann ich es gar nicht mehr erwarten, diese in einer endlosen Weite versteckten Inseln kennenzulernen. Ich halte noch einen Moment lang mein Gesicht in die Sonne, genieße die Wärme, dann nehme ich mit dem Handy ein Bild für meine Familie auf, die zu Hause im Schwarzwald im Regen sitzt. Ich weiß, es ist ein bisschen grausam, aber ich schicke es trotzdem los.

***

Nachdem die vorausgereisten Kollegen vom »Motivdreh« gestern die Maskenbildnerin, den zweiten Kameramann und mich unter großem Hallo empfangen haben, ist das Wunderschön!-Team nun komplett. Jetzt ist der »Moderationsdreh« dran, die Stationen stehen schon seit Wochen weitgehend fest, doch wird das Wetter mitspielen? Nach dem sonnigen Morgen hat sich der Himmel schnell zugezogen. Wir haben Glück: Es regnet zwar immer wieder, aber zwischendurch scheint die Sonne und der durch Wind und Regen blankgefegte Himmel bietet uns großartiges Licht und die schönsten Ausblicke. Später im Film ist die Reihenfolge eine andere, doch unser Besuch auf der Ilha do Pico findet in den ersten Tagen unserer Tour statt. Wir wandern durch Nieselregen und Nebelschwaden am Fuße des riesigen Vulkans entlang, nur manchmal erhaschen wir einen Blick auf seine Hänge, der Gipfel bleibt wolkenverhangen. Mit über 2.300 Metern ist der Pico nicht nur der höchste Berg der Azoren, sondern auch des Mutterlandes Portugal. Wie ein König residiert er im Zentrum der Insel, über die etwa zweihundert weitere, deutlich kleinere Vulkane als Fußvolk verstreut sind. Wie gut, dass der Pico schon lange kein Feuer mehr gespuckt hat! Das letzte Mal ist er im Jahr 1720 ausgebrochen. Ich finde das sehr beruhigend.

Die Hochebene, aus der heraus sich der Pico erhebt, erinnert mich an die schottischen Highlands. Alles hier ist wasserdurchzogen, auf Schritt und Tritt tröpfelt und plätschert es. Die Kollegen hatten noch gelacht, weil ich drei Jacken übereinander angezogen habe, plus extra Wärmeunterwäsche. Aber hier oben ist es zwischendurch wirklich ganz schön fröstelig. Die Geräusche sind gedämpft, nur mein Atmen kommt mir unnatürlich laut vor. Wir laufen wie durch Watte, manchmal können wir nur zehn Schritte weit sehen. Was für eine magische, verwunschene Stimmung! Es ist, als wären wir die einzigen Menschen auf der Welt. Vorsichtig tasten wir uns an halbwilden Kuhherden vorbei, die im Nebel herumstromern, und passieren kleine Gruppen von Sträuchern und Bäumchen, die sich vor dem ewigen Wind wegducken. Tanja Hausmann, die aus Deutschland stammt und auf den Azoren lebt, weiht uns in die Geheimnisse der hiesigen Pflanzenwelt ein. Da ist zum Beispiel eine Heidelbeerart, die es nirgendwo anders auf der Welt gibt. Bei uns in Deutschland kennen wir die Heidelbeere als kniehohen Strauch, hier auf der Insel wird sie zweieinhalb Meter groß!

Ähnlich ist es mit der Baumheide, die auf der Hochebene der Ilha do Pico als knorziger Baum wächst und doch ganz nah mit der Erika aus unseren Gartencentern verwandt ist. Auf den Azoren gelten eben ganz eigene Maßstäbe.

Dann führt uns Tanja zu einem stillen See. Genau in diesem Moment reißt der Himmel auf, sodass wir ihn in seiner vollen Schönheit genießen können. Wir erahnen jetzt sogar die Umrisse des hinter Wolken versteckten Pico. Er muss sich gar nicht in voller Größe zeigen, wir erkennen auch so voller Respekt an, dass er die Insel beherrscht. Die ruhige Atmosphäre des kleinen Sees lädt ein, die Gedanken wandern zu lassen. Wie merkwürdig ist es, hier am Ufer dieses kleinen Süßwassersees zu sitzen, der seinen Platz im Zentrum einer kargen Vulkaninsel behauptet, die wiederum mitten in einem temperamentvollen, von Horizont zu Horizont reichenden Ozean liegt. Diese Vorstellung von konzentrischen Kreisen, die sich berühren und miteinander existieren, hat für mich eine große Kraft. Die Drohnenkamera macht dieses Ineinandergreifen der Sphären auch für den Zuschauer sichtbar. Langsam steigt sie hoch, zuerst sieht man Tanja und mich am Seeufer sitzen, dann kommen die umliegenden Wiesen und niedrigen Bäume ins Bild, der Blick weitet sich immer mehr, dann kommt das Meer in Sicht. Herrlich!

Gesteuert wird die Drohne vom Autor der Sendung Richard Hofer. Er hat einige Zeit zuvor das Thema »Azoren« vor Ort recherchiert und gemeinsam mit der Redakteurin die Stationen unserer Reise zusammengestellt. Nun ist er beim Dreh dabei, nicht nur als Autor, sondern auch als Drohnenpilot. Denn so wie in vielen anderen Berufen wird es auch für die Mitarbeiter der Fernsehredaktionen immer wichtiger, möglichst viele Fähigkeiten zu beherrschen. Wir sind alle Spezialisten auf unserem Gebiet, und gleichzeitig können und sollen wir sehr flexibel weitere Aufgaben übernehmen. Von mir wird zum Beispiel erwartet, dass ich auf allen möglichen

Social-Media-Kanälen präsent bin. Auch landen einige Szenen, die ich mit meinem Handy filme, in den späteren Sendungen. Die sind zwar weder vom Bildaufbau noch von der Bildqualität her zu vergleichen mit den Aufnahmen, die ausgebildete Kameramänner und -frauen machen; dafür sind die Zuschauer ganz nah mit dabei, wenn sich die schnaufende und schwitzende Tamina durchs Unterholz arbeitet oder sich am Kraterrand kaum im Wind halten kann. Früher hätte kein Sender einem Drehteam Bilder durchgehen lassen, die nicht handwerklich perfekt waren, doch die sozialen Medien haben die Sehgewohnheiten komplett verändert. Heute sind spontane Aufnahmen, bei denen es knackt und wackelt, eine willkommene Ergänzung für die mit viel Sorgfalt und dem Fachwissen von gelernten Kameramännern und -frauen entstandenen Filmsequenzen, die großes Kino bieten.

Unser Autor hat sich eine Profi-Drohne zugelegt und sich das Steuern und Filmen selbst beigebracht. Gar nicht so einfach! Noch vor ein paar Jahren wurden ausschließlich externe Drohnen-Profis angeheuert. Bis heute ist es ein teurer Spaß, wenn sie für einen halben oder sogar mehrere Drehtage zum Team stoßen, An- und Abreise müssen auch bezahlt werden. Außerdem sind es oft gleich *zwei* zusätzliche Operatoren, die den Zuschauern Bilder aus der Vogelperspektive bieten. Der eine übernimmt die Bildregie und steuert mit Blick auf den Monitor die Drohne so, dass sie den perfekten Bildausschnitt einfängt. Der andere behält die Drohne im Auge und passt höllisch darauf auf, dass der Funkkontakt nicht verlorengeht. Denn wenn sich die Drohne zu weit entfernt, kann man noch so verzweifelt den Back-Home-Button drücken, die fliegende Kamera entschwindet auf Nimmerwiedersehen. Genau das ist unserem Autor passiert. Ein paar Tage zuvor ist er abends noch mal allein losgezogen, um am See schönste Stimmungsbilder einzufangen. Ganz versunken in seinen Monitor hatte er seine teure Drohne hochgezogen – und weg war sie … Die Bilder waren zwar noch auf sein Handy überspielt worden, doch die Qualität war zu schlecht, um sie verwenden zu können. Nun hat er eine Ersatz-Drohne dabei und macht erneut den Flug über den See, dieses Mal etwas vorsichtiger. Nachdem die Aufnahmen mit Tanja und mir fertig sind, laufen wir noch zu der Stelle, wo die verlorene Drohne ungefähr niedergegangen sein muss, doch die bleibt verschwunden. Sollte also jemand auf der Ilha do Pico Urlaub machen und in der Nähe des kleinen Sees am Fuße des Vulkans eine teure Kameradrohne finden, weiß ich jemanden, der sich über eine Nachricht freut.

***

Auf São Miguel, der größten Azoren-Insel, ist die Vegetation viel verschwenderischer als auf der Hochebene der Ilha do Pico. Wir sehen XXL-Moospolster und riesige Baumfarne, manche Bäume sind so gigantisch, dass wir kaum über ihre Wurzeln klettern können. Es ist wie ein Spaziergang mitten hinein in die Erdgeschichte, man würde sich nicht wundern, wenn plötzlich ein Dinosaurier um die Ecke käme. Wir wollen aber auch etwas Stadtluft schnuppern, und da kommt Ponta Delgada, der Hauptort von São Miguel, gerade recht. Hier fühle ich mich nicht in eine *längst vergangene Zeit* versetzt, sondern an einen *weit entfernten Ort*: Die Architektur der Häuser, der große, zum Meer hin offene Platz, an den sich die Altstadt mit ihren schmalen Gassen anschließt, die kleinen, schattigen Parks … das ist ja wie in Lissabon! Es ist alles ein wenig kleiner, dafür fühlt es sich authentischer an. Ob das an dem fehlenden Touristenansturm liegt? So einen Flashback habe ich bisher erst einmal erlebt, das war auf den Liparischen Inseln, der Inselgruppe nördlich von Sizilien. Dort geht es »italienischer« zu als auf dem Festland selbst.

Vor allem die zu unfassbar schönen Mosaiken gelegten Pflastersteine, die sich durch die ganze Stadt ziehen, lassen mein Herz höher schlagen. Es ist gar nicht vorgesehen, dass wir in dem Wunderschön!-Film so ausführlich auf die Kunst des *Calçada portuguesa* eingehen, aber meine Begeisterung für die aus dunkelgrauem Basalt und hellem Kalkstein gelegten geometrischen Muster, Blumen und Meerjungfrauen ist auf das Team übergesprungen. Und als ich dann in einem Straßencafé den für Portugal typischen Galão, einen speziellen Milchkaffee, trinken darf, ist mein Glück perfekt. Galão – allein schon dieses wunderbar weiche, vokalreiche Wort muss man sich auf der Zunge zergehen lassen! Das gilt auch für den Begriff, der das portugiesische Lebensgefühl so unvergleichlich ausdrückt: *Saudade.* Am besten lässt es sich mit »schmerzender Sehnsucht« übersetzen. Ich verbinde *Saudade* mit dem Gefühl, zurückbleiben zu müssen, auch wenn man aufbrechen möchte.

Nun zu einer weiteren Insel, die das Drehteam besuchte: die Ilha do Faial. Wegen ihrer Hortensienhecken wird sie auch »Ilha Azul«, die blaue Insel, genannt. Die azorischen Hortensien haben nicht viel mit den kleinen, bei uns angebotenen Pflänzchen gemein, von denen man oft vergeblich hofft, dass sie den Winter auf der Fensterbank überleben. Auf Faial säumen ganze Hortensienhecken, nein, Hortensien-*Berge* die schmalen Sträßchen. Als wir mit dem Auto losfuhren, rief ich immer wieder: »Halt! Stopp! Schaut doch mal! Lasst uns doch aussteigen und diese Wahnsinns-Hortensien filmen!« Aber die Kollegen, die schon einige Tage zuvor erste Filmaufnahmen gemacht hatten und sich bereits auskannten, winkten jedes Mal ab. »Lass mal, Tamina. Weiter hinten kommen noch viel schönere und größere.« Ich konnte es kaum glauben, aber so war es. Nach ein paar Tagen hatte ich mich an den Anblick übermannshoher Hortensienwände in prächtigster Blüte gewöhnt. Schade eigentlich!

Die blauen Blütenbälle täuschen leicht darüber hinweg, dass Faial die vulkanisch aktivste Insel der Azoren ist. Die riesige Caldera in der Mitte der Insel ist der Überrest eines längst erloschenen und von Vegetation überzogenen Vulkans. Doch überall unter der Insel brodelt es. 1958 und 1959 spuckte ein Vulkan im Westen von São Miguel so viel Lava, dass eine neue Halbinsel entstand. Ein Teil dieser Mondlandschaft ist zwar schon wieder vom Meer abgetragen worden, doch der Leuchtturm Farol da Ponta dos Capelinhos steht heute nicht mehr am äußersten Ende einer Landspitze, sondern schaut auf weite Lavafelder. Was für ein kraftvoller Ort! Man muss nicht gleich ins Esoterische abgleiten, um das zu spüren.

***

Der Hauptort Faials heißt Horta. Es ist nur ein kleines Städtchen, doch sein Yachthafen ist ein Drehkreuz für Segler aus aller Welt. Fast alle Weltumsegler legen hier einen Zwischenstopp ein, flicken ihre Sachen und füllen Proviant für die nächste Etappe auf. Wer hier ankommt, hat einiges hinter sich – über tausend Kilometer auf hoher See legt man nicht nur mit Schönwettersegeln zurück. Überstandene Stürme und andere Strapazen müssen erst einmal verdaut werden.

Ich bin keine passionierte Seglerin, trotzdem ist auch für mich das Segeln der Inbegriff von Freiheit und Wagnis. Denn als ich noch in die Schule ging, sangen wir jedes Jahr in der letzten Schulstunde vor den Sommerferien ein ganz bestimmtes Lied:

> *Dort bläht ein Schiff die Segel,*
> *frisch saust dahin der Wind!*
> *Der Anker wird gelichtet,*
> *das Steuer flugs gerichtet,*
> *nun fliegt's hinaus geschwind.*

Das ganze Schuljahr über fieberten wir dem Moment entgegen, in dem wir dieses Lied gemeinsam in der großen Aula anstimmten, denn dann trennten uns nur noch wenige Minuten von den großen Ferien. Gleich würden wir mit großem Hurragescheri aus den Türen rennen, sechs Wochen Freiheit vor uns. Das war Aufbruchstimmung pur! Leinen los! Genau diese Lust am Loslassen, dieses Luftholen vor dem Sprung ins Ungewisse begegnete mir im Hafen von Horta. Die Erleichterung, es bis hierher geschafft zu haben, und die Hoffnung, dass die Reise günstig weitergeht, haben dort ein ganz besonderes Ventil gefunden: Seit vielen Jahren verewigen die Durchzügler an der legendären Kaimauer des Hafens mit Farbe und Pinsel ein Symbol ihrer Reise. Manchmal stehen auf der liebevoll bemalten, jeweils handtuchgroßen Fläche nur ein Schiffsname oder ein paar Koordinaten, deren Bedeutung nur Eingeweihte kennen. In anderen Bildern steckt mehr Romantik: zwei Menschen, die vor auf- oder untergehender Sonne Händchen halten, Schiffe, Tauben, Möwen, Seejungfrauen und viele Symbole mehr für Freiheit, Liebe und Zusammengehörigkeit findet man hier. Auf der gut zweihundert Meter langen Kaimauer von Bild zu Bild zu laufen, entwickelt eine Sogwirkung, denn hinter jedem steckt eine einzigartige Geschichte mit Höhen und Tiefen, das lässt auch den hartgesottensten Seemann nicht kalt. Unter Seglern heißt es, dass diejenigen, die dieses Ritual auslassen, auf der Weiterfahrt Schwierigkeiten bekommen – ein kaputter Radar, ein gebrochener Mast … Auch wer nicht daran glaubt, hinterlässt eine Erinnerung auf dem Beton, man kann ja nie wissen.

Eine der Darstellungen springt mir geradezu entgegen, da hat jemand sinngemäß geschrieben: »Der Mensch kann nicht zu neuen Ufern aufbrechen, wenn er nicht den Mut aufbringt, die alten zu verlassen.« Ja, genau!, denke ich. Wo sonst gäbe es einen besseren Platz für diesen Spruch als hier im Segelhafen von Horta? Viele Menschen spüren eine tiefe Sehnsucht, sich auf den Weg zu machen, um sich selbst und die Welt zu erfahren. Aber nur wenige setzen den Wunsch in die Realität um, denn für so eine Pilgerreise muss man sein gesamtes Leben umkrempeln, das geht nicht mal eben in einem Zwei-Wochen-Urlaub. Die Zeit muss man sich mit Mut und Energie freischaufeln, erkämpfen. Nur wer es ernst meint, bringt die Kraft auf, sich aus dem Alltag zu lösen und die Reise seines Lebens zu machen, die einen verändert und wachsen lässt.

Ein Extremfall, bei dem ich mitgefiebert und -gelitten habe, war die Solo-Regatta Vendée Globe, das härteste Segelrennen der Welt. 2021 war mit Boris Herrmann zum ersten Mal ein deutscher Teilnehmer dabei. Im Zweierteam hatte er schon einmal im Segelboot die Welt umrundet, nun wollte er diese Herausforderung allein und nonstop meistern. Die Vorbereitungen dauerten Jahre. Meine Familie und ich verfolgten seinen Weg um die Welt. Die Fragen meiner Kinder zeigten, wie sehr sie dieses elementare Thema beschäftigte: »Warum wird der nicht vom Boot gespült?« und: »Hat der denn kein Heimweh?«

Kurz vor Beginn des Rennens hatte Herrmann etwas über die Möglichkeit eines Scheiterns gesagt: »Es kann sein, dass ich in der dritten Nacht vor der spanischen Küste gegen ein Fischerboot fahre.« Die Vorstellung, dass er mit kaputtem Bug den nächsten Hafen anfahren müsste und die Regatta für ihn dann wegen der strengen Regeln zu Ende wäre, war für ihn der totale Horror: »Das mag man sich nicht so gerne vorstellen. Das find ich schwierig, damit umzugehen.« Und dann passierte ihm genau das: Er kollidierte mit einem spanischen Fischkutter. Nur passierte das nicht drei Tage nach dem Start, sondern nach 80 Tagen voller Strapazen, nach einer ganzen Erdumrundung knapp 160 Kilometer vor dem Ziel. Nach dem Zusammenstoß konnte er das beschädigte Boot nur mit großer Zeitverzögerung in den Zielhafen steuern, seine Aussicht auf einen

Platz auf dem Siegerpodest war dahin. War das nicht unendlich grausamer, als gleich nach dem Start aus dem Rennen zu scheiden? Im Hochleistungssport kommt man ohne Ehrgeiz und Siegeswillen nicht weit, und doch konnte Boris Herrmann am Ende sagen: Es ist in Ordnung so, ich bin mit mir im Reinen. Was er sich vor seiner Extremreise als maximales Unglück vorgestellt hatte, hatte seinen Schrecken verloren. Ob er diese Seelenruhe auch schon gehabt hätte, wenn der Unfall gleich am Anfang passiert wäre?

Durch das Reisen kommen Entwicklung und Tiefe ins Leben – es muss ja nicht gleich eine Weltumseglung sein. Es kommt auf die Bereitschaft an, das gewohnte Umfeld zu verlassen und auf neue Ufer neugierig zu sein. Ich denke oft an den Spruch von der Kaimauer in Horta, vor allem dann, wenn wieder einmal ein Aufbruch bevorsteht oder etwas Neues, Unbekanntes auf mich einprasselt, was mich aus meiner Komfortzone reißt.

***

Drei Azoren-Inseln in zehn Tagen – das war echt anspruchsvoll! Auch wenn im Film alles so leicht und locker aussieht, war das Drehen für alle im Team harte Arbeit. Ohne Pause so zu leben, wäre mir viel zu anstrengend. Alles hat seine Zeit. Manchmal ist es eine willkommene Abwechslung, sich in etwas Neues hineinzustürzen. Und manchmal darf es auch gerne etwas gemütlicher sein. Ich finde es sehr gesund, auch mal zu sagen: »Bitte nicht schon wieder eine komplett neue Welt!« Der Gegenentwurf zu meinen beruflichen Reisen ist der Urlaub mit meiner Familie. Es sind meist nur kleine Zeitfenster, in denen die Kinder Schulferien haben, mein Mann Nik sich frei nehmen kann und ich nicht beruflich unterwegs bin. Dann ziehen wir uns gerne zurück in ein kleines Häuschen auf der Schweizer Seite des Bodensees. Da ist keine Rede von »neuen Ufern« und »Aufbruch«. Ganz im Gegenteil! Wir wissen genau, was uns in unserem Nestchen erwartet: raschelndes Schilf, träge schwappende Wellen und gelegentliche Ausflüge ins Dorf, wo wir uns auf die immer gleichen Nuss-Stengeli und Fischknusperli freuen. Alles was wir brauchen, ist da, aber auch nicht mehr. Für das originale Urlaubsgefühl sorgen auch die Ovomaltine für die Kinder und der Instantkaffee für die Großen, bei uns zu Hause in Freiburg gibt es beides nicht. Wir könnten die kleine Kaffeemaschine anwerfen, aber das wäre viel zu kompliziert! Hier am Bodensee soll alles so einfach sein wie möglich, da ist es schon zu viel, den Wasserbehälter einer Kaffeemaschine aufzufüllen. Alles ist friedlich und in sich stimmig, völlig unaufgeregt.

Und doch bewegt sich auch in diesen Verschnaufpausen etwas, das merkt man aber nur im Zeitraffer: Die Kinder werden größer, Interessen verändern sich, das Blickfeld weitet sich. Irgendwann mussten wir keine Windeln mehr ins Auto packen, dafür Kinderbücher zum Selberlesen. Neulich gab es wieder einmal so eine Premiere. Freunde machten auf der deutschen Seite des Sees Urlaub, wir hatten große Lust uns zu treffen. Aber wie? Mit dem Auto um den halben See zu fahren, hätte Stunden gedauert. Da fiel uns ein, dass es ja eine Fähre gibt, die zwischen Schweizer und deutschem Ufer pendelt. Jahrelang haben wir sie im nahegelegenen Hafen ein- und auslaufen sehen, doch unser Bewegungsradius war so klein, dass wir gar nicht auf die Idee gekommen waren, sie zu nutzen. Und nun standen wir zu viert am langen Steg und das kleine, weiße Schiffchen mit unseren Freunden an Bord stampfte auf uns zu. Was für ein idyllisches Bild! Kann man Gäste schöner willkommen heißen als winkend am Hafen und mit einem Wiesenblumensträußchen in der Hand? Gemeinsam verbrachten wir einen entspannten Tag an und auf dem Wasser, das war ein echtes Highlight. Beim nächsten Mal werden wir selbst mal die Fähre ausprobieren und die deutsche Seite des Sees erkunden. Was für eine willkommene Erweiterung der Möglichkeiten!

Nach herausfordernden Reisen, die einen aus der Komfortzone herausholen und mit Eindrücken überschwemmen, tut es gut, sich in einem Hafen zu erholen. Auch bei anderen Themen kommt es darauf an, dass das Leben keine Schlagseite bekommt. Sind die für die Familie und für die Arbeit bereitgestellten Kräfte ausgewogen verteilt? Gibt es neben dem Für-die-anderen-da-sein auch genug Für-sich-selbst-da-sein? Solche Fragen macht man nicht allein mit sich selbst aus, es sind immer auch die Interessen und Bedürfnisse anderer Menschen beteiligt. Das gilt ebenso für die Balance zwischen »Jetzt oder nie!« und »Auf Nummer sicher gehen«, die an jedem Drehtag aufs Neue ausgehandelt werden muss – so wie beim Weinfest auf den Azoren.

***

Auf der Ilha do Pico herrscht ein perfektes Mikroklima für den Weinanbau, der Lavaboden ist sehr fruchtbar, kleine Mäuerchen aus Lavabrocken halten den Wind ab und speichern die Wärme. Tanja, unsere Führerin auf dieser Insel, hatte eine Weinverkostung mit einem der wichtigsten Winzer der Insel organisiert. Wir hatten erwartet, dass wir uns durch ein paar Weine probieren würden, aber es wurde ein richtiges Fest. Denn Tanja hatte auch ihre Freunde eingeladen, und die hatten für alles gesorgt, was es für ein zünftiges Grillen braucht. Es wurde gegessen, geredet und gelacht, die große Gastfreundschaft ließ uns für kurze Zeit Teil dieser Welt werden. »Teilen, miteinander feiern und den Moment genießen – genau das macht das Leben hier auf den Azoren aus«, sagte Tanja. Im Mittelpunkt des Festes stand der Winzer, Fortunato Garcia, ein unglaublich raumgreifender Typ, etwas patriarchalisch, aber auf charmante Art. Anfangs probierte ich noch allein vor laufender Kamera, aber bald rief er in die Runde: »Wein für alle!« Da wurde es richtig gemütlich. Mit größter Begeisterung bot er mir weiter Glas um Glas an, zu jedem Wein erzählte er dessen Geschichte und ließ mich die Besonderheiten seines Geschmacks erkunden. Da war zum Beispiel ein schwerer Dessertwein, von dem man nach der Russischen Revolution einige Flaschen in den Weinkellern des Zaren gefunden hatte und von dem schon Tolstoi in seinem Roman »Krieg und Frieden« berichtet hatte. Dass ein Wein von den Azoren es so weit gebracht hatte, war für Fortunato eine Quelle unbändigen Stolzes. Besonders gut hat mir der frische und spritzige Verdelho gefallen, ein Wein aus der wichtigsten und ältesten Rebsorte auf den Azoren. Sie ist nicht sehr ertragreich, aber der aus ihr gekelterte Wein ist eine unverwechselbare Gaumenfreude. Es gibt den Verdelho auch in Portugal und auf Madeira, doch auf den Azoren sorgt der mineralreiche Vulkanboden für ein Extra an Geschmack, sogar ein wenig Meer-Aroma ist dabei. Fortunatos Begeisterung für die azorischen Weine war so ansteckend, dass ich am Schluss wie in einem Taumel war, und das nicht nur, weil sich nach dem zehnten Probierglas die Welt sowieso beschwingter als sonst drehte.

Dieser wunderschöne Nachmittag auf Faial ist ein Bilderbuchbeispiel für die Unwägbarkeiten beim Drehen vor Ort. Der Drehplan entsteht an einem Schreibtisch in Köln, aber oft ergeben sich ganz andere Situationen als geplant. Statt einer Weinverkostung von ein, zwei Stunden durften wir die allerherzlichste Gastfreundschaft bis in den Abend hinein genießen. Da lag es nahe zu sagen: »Jetzt sind wir schon mal hier, komm, lass uns den Moment noch ein wenig auskosten!« Mir fällt es schwer, Leidenschaft und Neugier zu zügeln, ich möchte meist auch den nächsten Moment einfangen. Und den nächsten. Und den nächsten … Doch zur Professionalität gehören neben der Leidenschaft auch verbindliche Regeln, die dafür sorgen, dass das gesamte Team sicher arbeiten kann und die Produktion nicht in Gefahr gerät. Zum Beispiel die Einhaltung der Arbeitszeiten – bei den Nachbesprechungen der Reisen beim WDR in Köln ist das immer ein Riesen-Thema. Wer hat durch Eigenmächtigkeiten das Team belastet und die Produktion gefährdet? Wer hätte ruhig auch mal ein Auge zudrücken können? Freiberufler wie ich bewegen sich in einer Grauzone, doch für die Festangestellten beim WDR ist es ganz klar: Nach acht bis zehn Stunden fällt die Klappe und zwischen den Drehtagen müssen mindestens elf Stunden Ruhezeit liegen. Für alles, was darüber hinausgehen soll, muss man schon sehr gute Gründe haben. Ohne arbeitsrechtliche Vorgaben wäre wohl schon ein paar Mal der Teambus in eine Schlucht gestürzt, samt nach Dauereinsatz total übermüdetem Team. Mit der Aussicht auf das Ende der Dreharbeiten kann man sich auch mal verausgaben. Doch die meisten von uns haben gleich im Anschluss das nächste Projekt. Wir müssen also ständig abwägen, ob wir noch den Sonnenuntergang abwarten, den Nachtmarkt filmen, die vierzig Kilometer zur nächsten Attraktion fahren – oder nicht. Oft finden wir ganz stressfrei einen vernünftigen Konsens, aber je nach Teamzusammenstellung kann die Diskussion darüber, ob weitergedreht wird oder nicht, auch vermintes Gelände sein.

Beim kleinen Weinfest auf der Ilha do Pico lautete die Entscheidung: Wir packen ein. Die Rückfahrt ins Hotel eingerechnet würden die Kollegen, die noch die Daten sichern und die Ausrüstung für den nächsten Tag vorbereiten mussten, schon jetzt kaum vor Mitternacht ins Bett kommen. Blieb nur noch meine Abmoderation für den Azoren-Film, die sollte mit unseren gut gelaunten, beschwingten Gastgebern im Hintergrund gedreht werden. Normalerweise braucht es mehrere Anläufe, bis alles im Kasten ist. Aber an diesem Tag, mit dem guten Verdelho als innerem Begleiter, gelang uns alles auf Anhieb. Aus dem Flow heraus baute ich alle kleinen Geschenke aus dem roten Rucksack, die wir auf den verschiedenen Stationen unserer Azoren-Reise gesammelt hatten, auf einem kleinen Steintischchen auf. Die Kamera lief, der Bildausschnitt passte, der Ton war sauber, nichts fiel um, niemand rannte durchs Bild, alle Namen stimmten, auch die Länge der Abmoderation war perfekt. Alle im Team schauten sich erstaunt an: Sollen wir noch eine zweite Version zur Sicherheit aufnehmen? Nein, das war eine Punktlandung. War's das schon? Ja, das war's.

Es war ein Moment, in dem alles stimmte und sich tiefe Befriedigung breitmachte. So wie bei einem wilden Tanz, der immer schneller und schneller wird, und am Ende geht es darum – Tadaaa! – mit einer Verbeugung zum Publikum hin, ohne Wackeln und Stolpern, ein Ende zu finden. Es war der perfekte Abschluss für eine außergewöhnliche Reise.

HASHTAG SEHNSUCHT

*Wer sich nach dem Licht sehnt, ist nicht lichtlos,
denn die Sehnsucht ist schon Licht.*

Bettina von Arnim

Liverpool! Was für eine quicklebendige Stadt! Kameramann Uwe Irnsinger, mit dem ich seit vielen Jahren das Format »2 für 300« drehe, und ich wollen die Stadt der Beatles und des Fußballs entdecken. Wir sind ein eingespieltes Team; Madrid, Wien, Hamburg, Rotterdam, Paris und viele Städte mehr haben wir schon besucht. Doch dieses Mal ist alles anders: Es ist März 2020 und das Coronavirus breitet sich in alle Ecken und Enden der Welt aus. In der Redaktion hatten wir intensiv beratschlagt: Ziehen wir den Dreh durch oder warten wir ab, wie sich die Dinge entwickeln? Irgendwie hatten wir alle die Hoffnung, dass es schon nicht so wild werden wird und nach ein paar Wochen alles ausgestanden sei. Aber in die Überlegungen schlichen sich auch erste bange Ahnungen ein: Wer weiß, wie lange wir noch in andere Länder reisen können! Wir einigten uns, dass das Team wie geplant nach Liverpool fährt – Uwe Irnsinger als erster Kameramann, die Autorin, ein Tontechniker, eine Volontärin, die gleichzeitig auch »zweite Kamera machen« würde, und ich. Während der Abreisetermin näher rückte, spitzte sich die Coronalage weiter zu, Masken und Schutzkleidung für

Ärzte und Klinikpersonal wurden knapp. Sollten wir doch noch alles absagen? Trotz der Bilder aus den norditalienischen Krankenhäusern schien alles weit weg zu sein.

Ein paar Tage vor dem Abflug stehe ich im Drogeriemarkt vor den Seifen und Cremes in Reisegröße, auch Pröbchen mit Desinfektionsmittel liegen in den Körbchen aus. Soll ich eines mitnehmen? Mein Gott, wie übertrieben! Liverpool ist doch nicht der tiefste Urwald! Zur Not bekomme ich dort in jeder Apotheke etwas zum Desinfizieren meiner Hände. Oder etwa nicht? Das habe ich auf meinen Reisen gelernt: Auch in einer Großstadt kann man Stunden mit der Suche nach einem Allerweltsartikel vergeuden. Also doch lieber rein mit einem Fläschchen in den Einkaufskorb, schadet ja nicht … Später auf dem Flug lachten wir darüber, dass jeder von uns so einen kleinen Reisegenossen griffbereit bei sich hatte. Aber eigentlich war das gar nicht lustig. Das Desinfektionsmittel in der Handtasche war ein Wendepunkt. Statt unvoreingenommen und optimistisch fühlte ich mich kleinlich, misstrauisch und unsouverän. Dieses Fläschchen symbolisierte für mich genau das, was ich nie gewollt habe.

***

Als wir in Liverpool eintrafen, trauten wir unseren Augen nicht. Während man in Deutschland bereits auf Abstand zueinander gegangen war und zig Mal am Tag »Alle meine Entchen« am Waschbecken summte, umarmten sich die Menschen in der Ankunftshalle am Flughafen ganz ohne Vorbehalt, standen eng beieinander, drängelten aneinander vorbei. Am nächsten Morgen hörte ich im Hotelzimmer den lokalen Radiosender. Das mache ich oft, wenn ich in anderen Ländern unterwegs bin, denn so bekomme ich unmittelbar mit, was die Leute bewegt. Kein Zweifel, die Coronathematik war in dieser Stadt noch nicht angekommen. Auch im Frühstücksfernsehen kaum eine Spur vom Virus. Unser Team surfte der Stresswelle voraus. Am Frühstückstisch überlegten wir: Passen wir uns dem unbeschwerten Liverpool an? Oder versuchen wir, unsere frisch eingeübten Abstandsregeln durchzusetzen? Aber wie sollte das gehen? Dass ich keine Berührungsängste habe, gehört ja zum Erfolgsrezept der Reisesendungen. Es wäre auch gegen meine Natur, zurückzuspringen, sobald mir jemand nahekommt.

Das war schon ziemlich schräg! Bei den abendlichen Telefonaten erfuhr ich von Nik, wie in Deutschland das Leben langsam erstarrte. Und tagsüber manövrierte sich das Team durch Situationen, in denen herzliche Liverpooler uns die Hand gaben, uns auf die Schulter klopften und gemeinsam mit uns für die Kamera posierten. Um nicht als megaunhöflich dazustehen, drückten wir meist beide Augen zu – ach komm, stell dich mal nicht so an! Vielleicht hatten ja die Engländer recht und die Deutschen waren viel zu aufgeregt? Dann kam der Tag, an dem wir in der Mathew Street den legendären Cavern Club besuchten. Das Originalgebäude, in dem schon die Beatles auf der Bühne gestanden hatten, war zwar schon vor langer Zeit abgerissen worden, doch man hatte es hier mit Original-Backsteinen wieder aufgebaut. Weil Uwe mit seiner großen Kamera nicht reindurfte, stieg ich allein die dunkle Treppe hinunter ins Souterrain, um mit meinem Handy zu filmen. Es war gerammelt voll, Livemusik spielte, im fensterlosen Halbdunkel standen die Menschen mit ihren Biergläsern dicht an dicht. Da hatte ich zum ersten Mal ein wirklich mulmiges Gefühl, ich drehte um und lief schnell wieder hinauf ins Freie. Das griffbereite Desinfektionsfläschchen war der Vorbote, im Cavern Club verlor das Eintauchen, das Miteinander-etwas-Erleben für mich endgültig seine Unschuld. Danach gab es für lange Zeit noch einen einzigen Moment, in dem ich eine herzliche Umarmung mit ungebremster Körperlichkeit auslebte – Paul McCartney, John Lennon, George Harrison und Ringo Starr waren lebensgroß, aber leider aus Bronze.

***

Eine unserer Verabredungen in Liverpool ist die mit Gerry, dem Besitzer eines Antiquariats mitten in der Altstadt. Er ist über siebzig und hat ein abwechslungsreiches Leben hinter sich. Mit sechzehn ging er zur See und bereiste jahrzehntelang den halben Globus. Dann wählte er das genaue Gegenteil und zog sich in den kleinen Laden mit tausenden alten Büchern zurück. Die Autorin unserer Sendung hatte ihn bei ihrer Vorrecherche spannend gefunden, uns aber auch vorgewarnt, dass er ein kauziger Typ sei und der Erfolg unseres Besuches stark von seiner Tagesform abhängen würde. Kein Problem, dachte ich, meine Herzlichkeit und Offenheit werden schon dafür sorgen, dass wir gut miteinander klarkommen. Ich freute mich auf die Begegnung mit ihm, denn so eine Kehrtwende im Leben wirft eine Menge Fragen auf. Wie kam es dazu? Und wie ist das, wenn der Blick auf einmal nicht mehr frei bis zum Horizont, sondern nur noch bis zum nächsten Buchdeckel reicht? Wenn ich es schaffen würde, ihn zum Erzählen zu bringen, würde das Gespräch mit ihm bestimmt ein Highlight dieser Städtereise werden.

Als wir vor Gerrys Antiquariat stehen, denke ich aber erst einmal: Oje! Wir würden kaum alle in diese mit Büchern und skurrilen Fundstücken vollgestellte Bücherstube hineinpassen. Das Türglöckchen bimmelt, wir quetschen uns in das Lädchen hinein und halten in den engen Gängen Ausschau nach seinem Besitzer. Im Hintergrund ist anspruchsvolle klassische Musik zu hören, in der Nase habe ich diesen aussterbenden Geruch von altem Papier und trockenem Holz, abgerundet mit einer Note von Staub. Gerry sitzt versteckt zwischen seinen Büchern, schaut auf und – wir haben

Glück! – sieht ganz gutgelaunt aus. Nach der Begrüßung steige ich gleich ein: »Das ist ja hier ein tolles Sammelsurium!« Da stoppt der Tonmann die Aufnahme: »Halt, so geht das nicht. Die Musik muss abgestellt werden.« Also bitten wir Gerry, die CD zu stoppen – kein guter Start. Er ist nicht der Typ, der sich gerne etwas sagen lässt, das merkt man sofort. Bevor die Sache richtig angefangen hat, ist der Schwung schon wieder raus.

Von Gerry wissen wir, dass er gegen den Strich gebürstet ist und wie eine Auster zuklappen kann. Deshalb würde ich ihn am liebsten ohne Unterbrechungen von seinen Weltreisen erzählen lassen und uns dem Rhythmus überlassen, der entsteht, wenn man es laufen lässt. Aber jeder im Team hat andere Prioritäten. Uwe zum Beispiel hat mich bekniet, bloß nicht zu lange zwischen den Büchern stehen zu bleiben und Gerry möglichst schnell nach der Begrüßung nach draußen auf die Straße zu lotsen. Improvisation und Dynamik sind wichtig und auch spannender für die Zuschauer. Filmt der Kameramann nur aus einer Perspektive – Gerry und Tamina sitzen an einem Tisch und erzählen sich was – hat der Cutter später kein Bildmaterial, mit dem er schnelle Schnittfolgen zaubern könnte. Doch Gerry macht keine Anstalten, seine dunkle Ecke zu verlassen, mir bleibt nichts anderes übrig, als mich zu ihm zu setzen. Aus dem Augenwinkel sehe ich, wie Uwe sich in halber Hocke zwischen zwei Bücherregale verkeilt hat, damit seine Kamera mit Gerry und mir auf derselben Höhe ist. Ich könnte diese Haltung keine zwei Minuten durchstehen. Ich versuche noch einmal, Gerry einen Gang ins Freie schmackhaft zu machen, doch da helfen weder Charme noch sanfter Druck. Das nervige Hin und Her hat den Widerspruchsgeist unseres Gastgebers geweckt.

Tapfer mache ich weiter: »Wie ist das für Sie, nach so vielen Jahren auf See hier in diesem kleinen Laden zu sein?« Statt von sich zu erzählen, dreht er den Spieß einfach um und fragt mich: »Sie haben doch auch schon viel von der Welt gesehen. Wie ist es für *Sie*, hier zu sein?« Na, das ist eine spannende Frage, doch wir sind nicht hier, um über mich zu sprechen. Also spiele ich den Ball zurück: »Wie kam es dazu, dass Sie abgeheuert haben?« Ich kann in seinen Augen ein belustigtes Funkeln sehen, aber er antwortet ganz brav: »Früher habe ich ein ganz anderes Leben gehabt …« Ja! Jetzt kommen die interessanten Geschichten! Doch wieder entschlüpft er mir. Das sei doch bei mir sicher auch so, fragt er mich verschmitzt. Das Gespräch entwickelt sich anders als erwartet, die Kollegen scharren unruhig mit den Hufen, Uwe tritt der Schweiß auf die Stirn. Weil der Tonmann ihm den Weg versperrt, ist er wie eingemauert und kommt aus seiner Ecke nicht mehr raus. Wie lange wird er es in seiner unbequemen Stellung mit der kiloschweren Kamera auf der Schulter noch aushalten? Um Gerry nicht zu vergraulen, lasse ich mich auf ihn ein. Ich muss einiges von mir preisgeben, damit ich im Gegenzug auch von ihm etwas erfahre. Uwe kippt fast um. Ich starte einen letzten Versuch: »Wir könnten jetzt stundenlang weitererzählen, vielleicht können wir das draußen vor der Tür machen?« Gerry grummelt ungnädig, kommt aber endlich mit auf die Straße. Uwe streckt sich und folgt uns mit steifen Beinen nach draußen.

Kurze Teambesprechung: Was drinnen gefilmt wurde, können wir nicht verwenden, zu dunkel, zu unergiebig. Wir müssen noch mal von vorne anfangen. Also komme ich für die Kamera noch einmal am Antiquariat an, begrüße Gerry vor seiner Tür, als ob ich ihn noch nie zuvor gesehen hätte. Doch Gerry spielt nicht mit. Obwohl er genau weiß, was wir vorhaben und warum das so ist, denkt er nicht im Traum daran, sich an irgendwelche Konzepte anzupassen. Er macht einfach da weiter, wo wir vorhin in seinem Laden aufgehört haben. So viel Sturheit! Das passiert mir echt selten, dass sich mein Gegenüber konsequent verweigert. Die Kollegen sind durch seine fehlende Kompromissbereitschaft ziemlich genervt, mich beeindruckt sein Eigensinn. Er ist ein Typ, den man nur in seinen Eigenfarben bekommt. Gerry ist gut zwanzig Jahre älter als ich und vereint in sich eine spannende Mischung aus Welterfahrung und Bücherbildung. In den kurzen Minuten, in denen er sich auf mich einlässt und unsere Unterhaltung funktioniert, denke ich: Das ist jemand, der sein ganzes Leben lang bewusst mit Spannungen und Herausforderungen umgegangen ist und weiß, wie es ist, immer wieder neu aufzubrechen. Ich hätte schrecklich gern gewusst, warum er sesshaft wurde. Am Ende gibt er mir doch noch eine Antwort auf diese Frage: »Ich habe genug gesehen.«

Ist sein Leben im Antiquariat also ein Rückzug in die Einsamkeit, nur selten gestört durch ein paar Touristen, die sich zufällig in seinen Laden verirren? Ganz im Gegenteil! Gerry ist eine Institution in seinem Stadtviertel, das Türglöckchen seines Antiquariats steht kaum still. Normalerweise muss man zu den Menschen gehen, wenn man sie kennenlernen will. Gerry hat dieses Prinzip umgedreht – die Menschen kommen von weither zu ihm, um sich mit ihm auszutauschen. Was für eine faszinierende Art des Reisens! Die Szenen mit Gerry haben es nicht in den fertigen Film geschafft. Zu sprunghaft, zu chaotisch war das Interview mit ihm. Für mich aber war die Begegnung mit ihm ein magischer Moment, den ich nicht so schnell vergessen werde.

***

Die Rückreise von Liverpool war mühsam, unser Flug musste umgebucht werden, wir landeten erst spät in Düsseldorf, alle waren etwas gereizt. Am nächsten Morgen saß ich in Köln in der Maske für ein Fotoshooting, danach ein Trailer-Dreh für die nächste Reise, die nach Gent gehen sollte. Schließlich noch ein Termin mit der

Redakteurin zur Nachbesprechung der Liverpool-Reise. Abends fiel ich halbtot in den Zug nach Freiburg und erst nachts kam ich zu Hause an. Gleich am nächsten Morgen ging es weiter. Kinder schulfertig machen, auspacken, waschen, Essen kochen. Später musste unsere Tochter für ein Vorspiel Geige üben, beim Junior stand ein Fußballspiel an, bei dem die Eltern als Publikum erwartet wurden. Danach war er zum Kindergeburtstag eingeladen, aber das Geschenk fehlte noch. Und zu allem Überfluss hatte sich der Klassenlehrer zum jährlichen Besuch angemeldet. Ich rauschte also von einer Intensität in die nächste. Kein Luftholen, ständig unter Druck, auch die nächsten Monate waren ähnlich verplant.

Ich habe oft davon geträumt, etwas kürzer zu treten. Der ständige Kampf, Beruf und Familie unter einen Hut zu bekommen, hatte meine Haut dünn werden lassen. Dazu kam das schlechte Gewissen, dass ich anderen und mir zu viel zumute. Wie schön müsste es sein, eine Zeit lang nicht rastlos durch die Welt zu sprinten, sondern ohne berufliche Konsequenzen in aller Ruhe das wohlige Zuhause genießen zu dürfen! Der Wunsch, einfach mal nur herumzusitzen, wurde immer größer. Diese Lektion habe ich gelernt: Man muss aufpassen, was man sich wünscht. Mit den Lockdowns kamen die Pausen, die ich mir so intensiv herbeigesehnt hatte. Anfangs dachte ich noch, dass ich mich – geübt durch meine häufigen Reisen – ohne Probleme an die neuen Umstände anpassen würde, eventuelle Startschwierigkeiten mal ausgenommen. Es war genau andersherum. In den ersten Wochen meinte ich noch, dass Urlaub im eigenen Haus wirklich ganz schöne Momente hat. Aber dann musste ich in Demut feststellen, dass ich mit der heruntergebremsten Geschwindigkeit längst nicht so gut klarkam wie erwartet. Das Leben schnurrte auf das engste Umfeld zusammen, die Schwerkraft wuchs exponentiell an und kleine Dinge wurden mühsam. Ich war es gewohnt, mit zehn Terminen täglich zu jonglieren, aber aus der leicht genervten Lethargie der Lockdowns heraus überforderten mich auf einmal schon zwei To-dos am Tag. Der wöchentliche Einkauf – unglaublich ermüdend. Die Kinder beim Hausaufgabenmachen betreuen – was, erst zwanzig Minuten vorbei? Die Steuererklärung – pures Blei auf meinem Schreibtisch. Das Bad putzen – ich hätte heulen können. Die Klein-klein-Organisation war absolut zermürbend. Erstaunt sah ich mir wie von außen zu, wie träge und wundgelaufen ich war und wie meine Vorräte an Lebensfreude und Optimismus dahinschwanden. Am liebsten hätte ich ins Regal gegriffen und einen passenden Vitaminsaft herausgeholt. Aber den gab es leider nicht.

Die Höchststrafe während der Coronazeit waren für mich die Kontaktbeschränkungen. Wie schön war es, wenn Eltern, die ihre Kinder nach dem Spielen bei uns abholten, spontan zum Abendessen blieben! Zwei, drei Teller Pasta mehr auf den Tisch gestellt, und schon winkte ein vergnüglicher Abend voller Inspirationen. Doch nun fanden nur noch verhuschte Übergaben der Kinder am Gartentor statt. Das Spontane und Unbekümmerte versiegte und damit auch mein persönlicher Lebensquell. Wie ernst die Lage war, zeigte die Tatsache, dass ich aus lauter Verzweiflung nach nur wenigen Monaten sogar bereit gewesen wäre, freudestrahlend und mit fliegenden Fahnen in den Kölner Karneval einzutauchen. Der überbordenden Erwachsenen-Geselligkeit bin ich mein Leben lang aus dem Weg gegangen. Für die Kinder ein paar Luftschlangen besorgen und Verkleidungen für sie basteln – das war mein Beitrag zur fünften Jahreszeit. Aber während der Lockdowns hätte ich liebend gerne drei Tage Karneval exzessiv durchgefeiert und -geschunkelt.

So wie mir ging es fast allen Menschen aus meinem Freundes- und Bekanntenkreis. Wir alle sehnten uns nach dem Überraschenden und Spontanen im Leben, nach diesem unvergleichlich frischen Gefühl des Anfangs, wenn man neugierig und unvoreingenommen etwas Neues entdeckt. Zur Sehnsucht gehörte das Fernweh, das wie ein Lichtball von innen an meine Rippen pochte, aber auch so kleine Dinge wie der Gedanke an Bratkartoffeln mit Spiegelei in unserem Lieblingslandgasthof. Das geradezu physische Mangelgefühl war gepaart mit der Vorfreude darauf, irgendwann wieder einmal an den karierten Tischdecken zu sitzen und den Duft von Kartoffelkrusten und heißem Schmalz in der Nase zu haben.

Rational bestätigten Nik und ich uns immer wieder gegenseitig: Wir schaffen das! Wir haben ein warmes Zuhause, die Familie ist intakt, mittelfristig haben wir keine existenziellen Sorgen. Auch mental hätte es eigentlich keine Probleme geben dürfen, wir hatten ja schon einige Krisen durchgemacht – jeder für sich und auch wir beide gemeinsam – und wussten, dass solche Phasen vorbeigehen. Aus eigener Kraft und mit der Unterstützung von Freunden hatten wir uns schon einige Male aus den tiefsten Schlickgebieten herausgezogen. Jetzt aber waren wir alle gemeinsam im Lockdown. Alle waren zur gleichen Zeit ratlos und liefen auf Reserve. Es fehlten die guten Geister, die einen aus einer schwierigen Lebenssituation herausreißen und zurück in die Normalität begleiten konnten.

***

Die größte Krise meines Lebens ereilte mich mit Mitte zwanzig in New York. Ich hatte mein Lehramts-Studium fast beendet und stand vor der Entscheidung, wie es weitergehen sollte. Ich wollte Menschen neugierig machen und für etwas begeistern, die Schulwelt war allerdings für meinen Geschmack zu strukturiert. Ein dreimonatiges Praktikum beim Goethe-Institut in New York sollte für mich der Sprung in mein neues Leben sein. Ich würde dazu beitragen, dass Amerikaner die deutsche Sprache und Kultur kennen- und lieben lernen. Amerika! Die große, weite Welt! Und das Beste: Ich würde mit meiner großen Liebe zusammen sein. Mein damaliger Freund hatte es so eingerichtet, dass er zur gleichen Zeit in New York arbeiten würde. Es passte alles perfekt zusammen, gemeinsam würden wir mit wehenden Fahnen zu neuen Horizonten aufbrechen.

Wir wohnten in einer Wohnung ganz in der Nähe des Metropolitan Museums in einem mini-kleinen Zimmerchen. Bad und Küche teilten wir mit unserer Vermieterin, einer resoluten älteren Dame, die sich ihr Leben lang als Künstlerin allein in New York durchgeschlagen hatte. Unsere Zweckgemeinschaft zeichnete sich durch ein höfliches Nebeneinander aus. Für meinen Freund und mich war es eine verheißungsvolle, intensive Zeit. Die Sache mit dem Goethe-Institut erwies sich zwar bald als Sackgasse, denn auch hier gab es nur begrenzte Möglichkeiten der Entfaltung, aber das war kein Problem. Ich war dankbar für die Erfahrung und wusste, dass ich etwas anderes finden würde, was noch besser zu mir passte. Und dann kippte plötzlich die Stimmung, die große Liebe wackelte. Dass mein Freund sich so merkwürdig verhalten hatte, als wir einmal zufällig dem damals weltberühmten Model Laetitia Casta begegnet waren, habe ich schon in meinem ersten Buch erzählt. Aber es kam noch schlimmer. Er begann, sich für eine Frau zu interessieren, mit der er jeden Morgen im Zug zur Arbeit fuhr. Er müsse das mal ausloten, sagte er mir. Und wenn ich ihn liebe, müsse ich ihm diese Freiheit zugestehen. Was? Wie? Mir zog es den Boden unter den Füßen weg. Puff – war alle Gewissheit dahin. Wir wohnten weiter gemeinsam in diesem kleinen Zimmer, kurzfristig etwas anderes zu bekommen war unmöglich. Tief verunsichert und wie gelähmt tat ich nach außen hin so, als sei alles normal. Um die Uhr wieder zurückzudrehen, versuchte ich verzweifelt, dem Ideal meines Freundes zu entsprechen. Aus dem »Lass uns gemeinsam die Welt erobern« war ein »Wie hättest du mich denn gerne?« geworden. Ich wurde immer weniger. Eines Tages warf er mir vor: »Du bist ja gar nicht mehr du selbst! So kenne ich dich ja gar nicht!« Und selbst in diesem Moment regte sich in mir kein Zorn; mein Selbstwertgefühl war komplett am Boden.

Unsere Vermieterin bekam natürlich alles hautnah mit. Einmal fing sie mich auf dem Flur ab und zupfte mich in ihr privates, sonst sorgfältig verschlossenes Schlafzimmer. Es gibt Augenblicke im Leben, da weißt du schon während sie passieren, dass sie entscheidend sind und du sie nie vergessen wirst. Dies war so ein Moment. Ich spielte meinen Kummer herunter, doch sie wischte diesen matten Versuch ungeduldig beiseite: »Hör mal, ich weiß, was du durchmachst, ich kenne solche Phasen im Leben. Lass dich nicht klein machen!« Weil ich so durcheinander war, ist vieles von dem, was sie mir sagte, an mir vorbeigerauscht. Doch dass sie Partei für mich ergriff und meinen Freund vom Thron holte, auf den ich ihn gesetzt hatte, war wie ein Samenkorn, das später in mir aufgehen würde. Noch war alles viel zu wund und ich zu kraftlos, als dass ich gleich aus meinem Ohnmachtsgefühl herausgekommen wäre. Aber es war, als würden erste Tropfen eines Fließwassers eine stehende trübe Brühe aufmischen. Ich bekam eine Ahnung davon, dass es etwas anderes gab als die passive Opferrolle. Bis heute kann ich das Gedicht »Indian Summer« von Dorothy Parker, das meine Vermieterin zitierte, auswendig:

In youth it was the way I had
to do the best to please …
But now I know the things I know,
and do the things I do.

Mein emotionaler Überlebenskampf mit den drei Disziplinen Zusammenreißen, Weitermachen und Durchhalten dauerte bis zum Ende unseres New-York-Aufenthalts. Ich wollte mich nur noch zurück nach Deutschland retten und hoffte, dass mein Freund hier wieder zur Besinnung kommen würde. Auf dem gemeinsamen Rückflug fand dann das längst fällige Gespräch statt – klare Absage, maximaler Schmerz. Ab der Mitte des Atlantiks weinte ich durch. Und immer noch versuchte ich, nicht vollends zusammenzubrechen. Bei der Landung war die Devise: Tränen trocknen, Haltung zeigen, bloß nicht als Häuflein Elend, sondern mit halbwegs erhobenem Haupt aus dem Flugzeug steigen!

Die Ankunft in München war meine persönliche Bruchlandung. Ich war auf allen Ebenen gescheitert. Berufsperspektive weg, Freund weg, Lebensmut weg. Meine Freundin Ziska, wir kennen uns seit Kindergartenzeiten, holte uns vom Flughafen ab. Sie hatte nur eine grobe Ahnung, dass es in New York nicht so gelaufen war, wie ich es gehofft hatte. Wir umarmten uns, ich rettete mich in die Begrüßung, wedelte meinen Kummer mit großer Geste weg. Dann standen wir zu dritt am Gepäckband. Und erst jetzt, in diesem Moment, als die ersten Koffer im Kreis fuhren, kam bei mir an, dass die gemeinsame Reise nun endgültig vorbei war. Als Ziska einen der Koffer auf den Trolley hob, streifte sie nur zufällig meinen Blick, aber da hatte sie wohl etwas in meinem Gesicht gesehen, das sie alarmierte. Sie schaute mich mit tief besorgtem, mitfühlendem und auch überraschtem Blick an – und da war es dann vorbei mit meiner tollen Haltung.

Wochenlang hatte ich nur noch in Schockstarre funktioniert, mir nicht erlaubt, das zu sein, was ich zweifellos war: ein erschüttertes Häuflein Elend. All meine Träume waren zerplatzt. In dieser Zeit des Scheiterns konnte ich mir nicht vorstellen, dass jemals neue Chancen kommen werden. Kann ich jemals wieder jemanden so lieben? Wie soll sich mein Leben jemals wieder heil anfühlen? Ich hatte schmerzende Sehnsucht nach dem Gefühl »Das ist es jetzt!« Es war nicht auszuhalten, nicht gleich Lösungen oder Alternativen parat zu haben. Es gab keinen Plan B, keinen nahtlosen Übergang in die nächste Lebensphase. Der Schwebezustand der folgenden Monate, in denen ich keine Perspektive hatte, war grauenhaft.

Ziska hat in dieser Situation genau das Richtige getan. Dafür, dass sie gar nicht erst versuchte, mich auf bessere Zeiten zu vertrösten, bin ich ihr heute noch dankbar. Denn ein »Wer weiß, wozu es gut ist« zur falschen Zeit kann mörderisch sein. Wenn man gerade im Tunnel ist, braucht man keine Vertröstung, sondern echten Trost, der sofort wirkt. Ziska lud mich für einige Tage nach Italien ein, wo ihr Großvater ein Haus auf dem Land hatte. Dort war es innen kühl und außen warm, dazu das Licht des italienischen Himmels, die italienische Küche und die Normalität von Ziska – all das hat meine wunde Seele aufgepäppelt und den Heilungsprozess gestartet.

Die furchtbare Zeit in der Riesenstadt New York war ein sehr einsames Erlebnis. Erst als Ziska da war, bei der ich loslassen konnte, merkte ich, wie sehr ich mich die ganze Zeit zusammengerissen hatte und konnte das Geschehene realisieren. Damit war der Weg für die Trauer frei, und in der Trauer ist schon Trost. Es dauerte einige Zeit, bis meine Lebenskraft und mein Selbstvertrauen wieder vorzeigbar waren. Ein halbes Jahr nach meiner Rückkehr aus New York bekam ich in München eine Stelle als Jungreporterin bei ProSieben. Das war ein echter Berufseinstieg, bei dem ich mich mit viel Energie in die Arbeit stürzen konnte. Und irgendwann war auch die Zeit für eine neue Beziehung gekommen. Krise überwunden, Federn gelassen, das Leben geht weiter. Im Rückblick kann ich sagen: Wie gut, dass ich das erlebt und überlebt habe! Es war einer der wichtigsten Entwicklungsschritte in meinem Leben. Ich hatte

mich in eine ungesunde Richtung drücken lassen, war in eine Ab-
hängigkeit gerutscht. Natürlich wirft man nicht gleich die Flinte
ins Korn, wenn es in einer Beziehung oder im Beruf mal nicht glatt
läuft. Aber dass ich mich zu sehr an andere Menschen anpasse und
ihnen alles recht machen will, wird mir in dieser selbstzerstöreri-
schen Form hoffentlich nicht noch einmal passieren.

***

Gleich nach der Liverpool-Reise wurde uns klar, dass die nächsten
Produktionen verschoben werden mussten. Dann kam ein Auf-
bäumen im Sommer, in dieser Zeit haben wir noch einiges hinbekommen – wir besuchten zum Beispiel das dänische Lolland, wanderten durchs Zillertal und schauten uns rund um Düsseldorf um.
Aber bald war das Zwischenhoch auch schon wieder vorbei und
es folgte ein langer Spätherbst und ein noch längerer Winter. Krisen spitzen sich zu, irgendwann bricht bekanntermaßen die Welle und man kann beginnen, sich wieder aufzurappeln. Aber diese Corona-Monate 2020/21 waren elend lang und zäh. Kontakte
über Facebook und Instagram waren kein Ersatz für echten Aus-
tausch. Also versuchten wir, im häuslichen Miteinander das Bedürfnis nach neuem Input irgendwie zu stillen. Um auf begrenz-
tem Raum einen Perspektivwechsel hinzubekommen, brauchte es
nur ein wenig Fantasie. Einmal beschlossen wir, nicht im Esszimmer zu Abend zu essen, sondern im Wintergarten, wo ein kleines Tischchen steht. Es war wie Essengehen in unserem eigenen
Zuhause. Wir verabredeten, dass die Kinder mit der Großmutter
kochten und den Tisch dekorieren würden. Kleiderordnung: fest-
lich. Natürlich war das kein Selbstläufer. Für mich gab es vorher
viel Gerenne, das war total nervig! Ich hatte den ganzen Tag jede
Menge zu tun gehabt – mit nichts – und musste mich dann auch

noch abhetzen, rechtzeitig zu duschen, mir etwas Schönes anzuziehen und mich zu schminken. Am liebsten hätte ich einen ganz normalen Abend gehabt, aufs Sofa werfen, abschalten. Ich hatte sogar ein bisschen schlechte Laune: Muss ich mir das jetzt auch noch antun? Es ist doch sowieso alles schon anstrengend genug! Aber dann entfaltete das Neue, Ungewohnte seine Wirkung. War es wirklich schon drei Monate her, dass ich Parfüm aufgelegt hatte? Und wann hatte ich das letzte Mal ein Kleid angezogen statt Jeans und Pulli? Als ich in den Wintergarten kam, standen schon Apéro und Knabberzeug bereit, Kerzen brannten und verwandelten den kleinen, unspektakulären Raum in einen magischen Ort. Die Kinder hatten sogar an leise Musik im Hintergrund gedacht. Wir standen gemeinsam an den Fenstern und schauten ins Tal hinunter, Nik, meine Mutter und ich mit einem Glas Wein in der Hand, die Kinder mit Limonade, die es nur selten bei uns gibt. Das Essen wurde zum Fest. Wie von selbst sprachen wir über andere Dinge als die ewige Alltagsorganisation, Hausaufgaben und Zimmeraufräumen. Weil die Kinder bei der Großmami im Anbau schliefen, konnten Nik und ich noch lange am Tisch sitzen. Wir dachten an unsere alten Berlinzeiten, tauchten in selige Erinnerungen ein und überlegten, welche Reisen wir machen würden, wenn die Zeiten wieder normal sein würden. Weil wir keine Lust hatten, den Zauber zu brechen, übernachteten wir im Wintergarten und wachten mit einem ganz neuen Blick auf unsere Umgebung auf.

In Zeiten größter Beschränkung haben wir uns mit relativ wenig Einsatz ein Mikro-Abenteuer geschaffen. Leider nutzen wir diese Möglichkeit aber viel zu selten. Obwohl der Abend für alle ein durchschlagender Erfolg war, hat es Monate gedauert, bis wir uns zu einer Wiederholung durchringen konnten. Warum eigentlich? Die Routine hatte eine zu hohe Anziehungskraft, zu aufwendig erschienen uns im Nachhinein die Vorbereitungen. Wir wissen genau, dass Glücksmomente nur selten von allein kommen und sie gesucht und gefunden werden müssen. Trotzdem konnten wir uns nicht so schnell wieder zu diesem kleinen Stück Extra-Energie aufraffen.

Kurz hinter Freiburg gibt es einen Tunnel, in dem man 80 fahren darf. Wenn ich zum Großeinkauf unterwegs war, freute ich mich auf diesen Moment, in dem ich auch mal wieder in den vierten Gang schalten konnte und ein nennenswerter Fahrtwind durchs Auto brauste. Einmal, als meine Tochter und ich in sonnigstem Wetter zurück vom Supermarkt fuhren, brachte eine kleine Stimme von der Rückbank auf den Punkt, wie einfach es ist, sich den Luxus des Spontanen zu gönnen: »Weißt du was, Mami? Wir könnten jetzt einfach so weiterfahren, hinten das Auto voll mit leckeren Sachen, und wenn wir was sehen, wo es schön ist, da bleiben wir dann.« Was für ein verwegener Gedanke! Schade eigentlich, dass ich wie gewohnt bei unserer Ausfahrt in die Tempo-30-Zone abgebogen bin. Ein ungeplantes Picknick zu zweit an einer Kuhweide wäre allemal drin gewesen.

LÖWE, ADLER, MURMELTIER

*Vieles wünscht sich der Mensch,
und doch bedarf er nur wenig.*

Johann Wolfgang von Goethe

Nur ein leichtes Brummen und Knarzen ist zu hören, als sich die Metallfinger langsam an meinem Körper entlangarbeiten und mit abwechselndem Druck über meine Rückenmuskulatur streichen und kneten. Ansonsten herrscht erwartungsvolle Stille. Etwas peinlich berührt liege ich auf dem schwarzen Leder und lasse es geschehen, dass mir meine Gastgeber beglückt alle Programmstufen des Massagesessels vorführen, der monolithisch mitten in ihrem Wohnzimmer thront. Er ist wie so vieles in Amerika: nicht schön, aber groß, komfortabel und effizient. Ich muss zugeben, dass es wirklich wohltuend ist, meinen vom Langstreckenflug verspannten Rücken mechanisch auflockern zu lassen. Aber es ist mir auch etwas unangenehm, vor aller Augen halb in der Horizontalen zu liegen und mich bekneten zu lassen. Ich zähle die Sekunden, bis die Anstandsminute vorbei ist und ich von dem Trumm wieder herunterspringen kann.

Ich bin zu Gast bei Karen und Kennan Ward im kalifornischen Santa Cruz, das knapp 100 Kilometer südlich von San Francisco liegt und für das Drehteam die erste Station ist, bevor es die Küste hinunter nach Los Angeles geht. Die Autorin der Sendung Elaine Schnee hatte bei ihrer Vorrecherche bei den Wards angefragt, ob sie uns in der Monterey Bay auf einer Whalewatching-Tour begleiten würden. Sie stimmten zu und luden spontan die Autorin und mich ein, für die zwei Nächte unseres Aufenthaltes bei ihnen im Haus zu wohnen. Bei der Planung der Dreharbeiten wird zwar sehr darauf geachtet, dass jeder nach einem langen Arbeitstag etwas Privatsphäre genießen kann, doch das Angebot des Ehepaars war so herzlich, dass wir es gerne annahmen. Die anderen Teammitglieder wurden in einem Hostel um die Ecke einquartiert.

Ich bin nie zuvor in Kalifornien gewesen und es ist ganz anders, als ich es mir vorgestellt habe. Das Haus der Wards ist nicht *crazy* und abgefahren, sondern ein konventioneller, nicht sehr großer Bungalow mit einem ordentlichen Gärtchen drum herum. Auch Karen und Kennan überraschen mich: Sie sind ausgesprochen nett und ganz normal. Sie sind aber auch international angesehene Natur- und Tierfilmer, die seit Jahrzehnten in den entlegensten Wildnissen der Welt unterwegs sind. Kennan war Ranger in einem Nationalpark, bevor er sich als Fotograf, Filmer und Vortragsredner selbstständig machte. Bald stieß Karen dazu, jedes Jahr sind die beiden monatelang auf Expedition in aller Welt. Zurück kommen sie mit beeindruckenden Bildern von Eisbären und Seeadlern, seltenen Orchideen und dramatischen Felslandschaften. Für ihre gemeinsame Leidenschaft erträgt das Ehepaar Strapazen ohne Ende, von zudringlichen Mückenwolken bis zu harten Steinen unter ihrem Schlafsack. Man sieht ihren Gesichtern an, dass sie einen guten Teil ihres Lebens frierend in arktischem Windgeheul und vor Hitze stöhnend in sengender Sonne zugebracht haben. Dass mich in meinem freundlich eingerichteten Gästezimmer ein kleiner Teddybär auf dem plüschigen Bett willkommen heißt, passt so gar nicht zu dem Bild, dass ich mir von den beiden gemacht hatte. Morgens frühstücken wir mit ihnen ganz unkompliziert Knuspermüsli und gefrorene Beeren, die Kennan aus dem kleiderschrankgroßen *Fridge* geholt hat, entspannter kann man in einen arbeitsreichen Tag kaum starten. Aber wo ist das Abenteuer? Wie passen gediegenes Vorstadthaus und Massagesessel zu dem aufregenden Entdeckerleben in der Wildnis?

Ich bin irritiert, doch dann komme ich darauf, dass ja gar kein Widerspruch vorliegt. Kennan und Karen haben zwei Welten unter einen Hut bekommen. Augenzwinkernd erzählen sie mir, dass sie manchmal in ihrem Garten zelten, wenn ihnen die Zeit bis zur nächsten Fahrt ins Ungewisse zu lang wird. Und nach ihren anstrengenden Reisen fernab der Zivilisation kehren sie in ihren Bungalow mit Klimaanlage zurück, wo alles *neat* und *clean* und an seinem Platz ist, und sitzen in bequemen, überdimensionierten Sesseln auf ihrer geschützten Veranda, wo das blitzblank geputzte Grillbesteck auf den nächsten Barbecueabend wartet. Kennan fühlt sich in seiner Rolle als fürsorglicher Hausmann sichtlich wohl, Karen kümmert sich um das Geschäftliche. Beide sind wunderbar aufeinander eingespielt und leben ein harmonisches Leben, das exakt zu ihren Bedürfnissen passt. Die Wards sind das perfekte Beispiel dafür, dass Widersprüche nicht immer aus dem Weg geräumt werden müssen und ein steter Wechsel zwischen Expeditions- und Massagesessel-Modus sogar ein stabilisierendes Element sein kann.

***

Aus welchen Facetten ist mein Leben aufgebaut? Was brauche ich wirklich? Auf meiner Lebensreise habe ich schon viele unterschiedliche Antworten auf diese Fragen gefunden. Meine erste eigene Wohnung war ein Zimmerchen mit Kochnische in dem damals noch gar nicht schicken Kölner Stadtteil Ehrenfeld. Das vierstöckige Haus war in so viele Kleinstwohnungen unterteilt, dass die Klingelschilder am Eingang eine Fläche so groß wie ein Handtuch bedeckten. Ich kannte niemanden und niemand kannte mich; vor der totalen Anonymität rettete mich nur der Kiosk an der Ecke. Dort gab es alles, was das Herz begehrte, vom freundlichen »Hallo« bis zum kleinen Topf mit Siebzigerjahre-Blumenmuster, den der Besitzer des Büdchens ganz selbstverständlich unter der Theke hervorzauberte, als ich mir das erste Mal Ravioli aus der Dose warm machen wollte und merkte, dass ich gar kein Kochgeschirr hatte. Insgesamt war es ein sehr niederschwelliger Umstieg vom Elternhaus in das Erwachsenenleben – und spartanisch dazu: Mehr als sehnsüchtige Blicke ins Schaufenster des Feinkostmarktes ein paar Straßen weiter waren nicht drin, handgeformte Pasta und italienischer Prosciutto überstiegen meine finanziellen Möglichkeiten bei Weitem. Auch die existenzielle Erfahrung, dass der Geldautomat einmal meine Bankkarte wegen fehlender Kontodeckung gleich einbehielt, ist mir noch in eindrücklicher Erinnerung. Aber trotz der Dürftigkeit der Umstände war ich voller Optimismus: Jetzt geht mein Leben richtig los!

Einige Zeit später zog ich etwas näher an die Uni, in der Hoffnung, mehr ins Studentenleben eintauchen zu können, doch auch in der neuen Vierer-WG am Kölner Beethovenplatz ging es recht unpersönlich zu. Jeder hatte eine eigene Kochplatte im Zimmer; wir teilten das fensterlose Bad, mehr nicht. Es war ein nüchternes Nebeneinander, ohne gemeinsames Wohnzimmer gab es auch keine Gemeinschaft. Meine Mitbewohnerin von schräg gegenüber habe ich in den eineinhalb Jahren, die ich dort wohnte, vielleicht ein, zwei Mal zu Gesicht bekommen. Nur die durchdringenden, sehr gewöhnungsbedürftigen Essensgerüche, die ständig unter ihrer geschlossenen Zimmertür hervordünsteten, waren präsent.

Weil der Flur kein Fenster hatte, wurde unsere Toleranz auf eine harte Probe gestellt. Dass die Wohnung so schäbig war, hat mir damals gar nichts ausgemacht. Ganz im Gegenteil: je entbehrungsreicher das Leben, desto endgültiger die Abnabelung von zu Hause. Nach dieser leicht masochistischen Gleichung war es fast schon befriedigend, so unkomfortabel zu wohnen.

***

In meiner Studentenzeit war ich ständig auf dem Sprung, alles war irgendwie improvisiert – genauso passte es zu mir und der damaligen Lebensphase. Wenn sich die Umstände oder meine Bedürfnisse änderten, suchte ich mir kurzerhand ein neues Dach überm Kopf. Als ich meinen heutigen Ehemann Nik kennenlernte, wohnte ich in Berlin in einer winzig kleinen Wohnung, der Blick ging in den Hinterhof, den Himmel sah ich nur, wenn ich draußen war. Wir zogen zusammen, in eine deutlich komfortablere Wohnung, und als man Nik in Zürich einen hochdotierten Job anbot, beschlossen wir, gemeinsam in die Schweiz zu ziehen. Inzwischen war ich Reisemoderatorin beim WDR geworden, verdiente ganz gut und war weiterhin örtlich ungebunden. Bei unserer Internetsuche nach einem neuen Zuhause stolperten wir über eine hochherrschaftliche Maisonettewohnung. Alles war so groß und prächtig! Vor allem der riesige Dachgarten beeindruckte uns, die Bilder zeigten eine grüne Welt aus Bäumen und Sträuchern hoch über Zürich. Der Fotograf hatte zwischen den hüfthohen, automatisch bewässerten Pflanzkübeln einen Liegestuhl inszeniert, der nur auf uns zu warten schien – »Hier könnten SIE sitzen!« Eigentlich war diese Wohnung nicht unsere Kragenweite, doch diese Dachterrasse mussten wir haben! Weil wir im Begriff waren, etwas Unvernünftiges zu tun, ließen wir uns jede Menge Gründe einfallen, uns ins Abenteuer zu stürzen: Wir arbeiten beide 120 Prozent, warum sollen wir uns nicht etwas gönnen? Und: *Jetzt* sind wir jung, *jetzt* können wir es uns leisten. Sollen wir etwa auf ein Reihenhäuschen sparen? Kurz darauf standen wir auf *unserer* Dachterrasse, über uns der endlose Himmel, unter uns der Zürichsee.

Für mich war dieser Dachgarten der Inbegriff des Luxus, manchmal fragte ich mich: Bin das wirklich *ich*, die hier wohnt? Als meine Familie zu Besuch war, zeigte sie sich beeindruckt. »Wow, toll habt Ihr es hier!«, meinte meine Mutter. Aber ich konnte in ihren Augen auch den Zweifel lesen: Passt das denn zu Euch? Ihr seid doch eigentlich viel bodenständiger! Ihre Bedenken waren berechtigt, denn die Wohnung entsprach mehr unserer Vorstellung, wie sich ein beruflich erfolgreiches Paar einrichten sollte, als unseren wirklichen Bedürfnissen. Dazu kam, dass hinter den Kulissen des berauschenden ersten Eindrucks so mancher Nachteil spürbar wurde. Auf dem Dach war es immer zugig und entweder zu heiß oder zu kalt; wir hielten uns fast nie dort oben auf. Viel gemütlicher war die kleine, von einer Glyzinie umrankte Loggia eine Etage tiefer, auf der man zu dritt oder höchstens zu viert zusammengequetscht einen lauschigen Abend verbringen konnte. In manchen Momenten dachten wir: Was hat uns da nur geritten? Diese Wohnung können und wollen wir doch gar nicht halten! Sie war kein totaler Fehlgriff, wir genossen ja unser Leben. Doch es wurde immer klarer, dass wir uns mit etwas weniger Showelementen und dafür mehr Gemütlichkeit wohler fühlen würden. Als unser Sohn auf die Welt kam, wälzten wir Umzugspläne. Doch wir waren zu sehr in unseren Alltag verstrickt, um genügend Energie für die Wohnungssuche aufzubringen. Als sich ein zweites Kind anmeldete, hatten wir noch weniger Lust darauf, einen Wechsel zu organisieren. Gegenseitig überzeugten wir uns immer wieder: Wir haben es doch schön hier!

***

Und dann zwang uns ein externer Keulenschlag die Wohnung aufzugeben. Ein paar Wochen nach der Geburt unserer Tochter verlor Nik von einem Tag auf den anderen seinen Job. Das konnte doch nicht wahr sein! Bevor wir zusammenkamen, war ich einige Zeit arbeitslos, das kannte ich also schon. Und auch in der Züricher Dachterrassen-Zeit hatte ich latent damit gerechnet, eines Tages ohne Arbeit dazustehen. Gesichter im Fernsehen wechseln schnell, und ein knapp zweijähriges Kind und ein zweites unterwegs passten nicht gut zu meiner reiseintensiven Arbeit. Meiner Einschätzung nach würde ich mit ein bisschen Glück meinen Beruf schon noch einige Jahre ausüben können, allerdings nur unter der Voraussetzung, dass meine Kollegen mich als Mama weiter so wohlwollend unterstützten. Nik dagegen war inzwischen so weit oben in der Hierarchie angekommen, dass er unersetzlich war – das dachten wir jedenfalls. Er war der Hauptverdiener und beruflich der solide, zuverlässige Part in unserer Familie, sein Rausschmiss erwischte uns also eiskalt. Wir hatten nur wenige Rücklagen, das gute Leben auf der Überholspur kam ins Stocken. Große Urlaube – erst mal nicht. Teure Klamotten – muss nicht sein. Schön essen gehen – zu Hause ist es ja auch lecker … Der Abschied vom Schweizer Oversized-Leben geschah auf die harte Tour.

Nik bekam anfangs eine Lohnfortzahlung, dann Arbeitslosengeld. Mit der Zeit hatte ich das Gefühl, dass ich fast allein für das Einkommen sorgen musste. Obwohl ich in Deutschland nicht schlecht verdiente, wurde es eng, mein Honorar reichte zeitweise noch nicht einmal für die Miete. Dann bekam Nik eine Stelle, die eigentlich gar nicht zu ihm passte, und verlor sie bald wieder. Das war weder für sein Selbstvertrauen noch für unser Einkommen gut. Denn das Arbeitslosengeld fiel nun weg – in der Schweiz rutscht man noch einmal eine Stufe tiefer, wenn es gleich zweimal hintereinander heißt: Wir brauchen Sie nicht mehr.

Insgesamt drei Jahre dauerte es, bis Nik den Job fand, in dem er bis heute glücklich und erfolgreich ist. In dieser wackeligen Phase erlaubte mir mein Überlebensinstinkt, mich auf das Positive zu fokussieren: Wir schaffen das! Wir sind alle gesund, das ist die Hauptsache. Es gab natürlich auch schwache Momente, in denen ich haderte und Nik Vorwürfe machte. »Hättest du die Vorzeichen nicht besser deuten können? Hättest du nicht irgendetwas tun können, um den Job zu behalten?« Hätte, hätte ... alles müßig. Nik und ich sind als Paar durch diese Krise gekommen. Die Statik unserer Familie war ins Wanken gekommen, aber sie kam nicht zum Einsturz. Weil für uns das Wichtigste war, die Kinder gut und mit Urvertrauen ins Leben zu bringen, hatten wir kaum Zeit für Selbstmitleid. Zwei Quadratmeter Sandkasten waren jetzt tausendmal wertvoller als 150 Quadratmeter Dachterrasse.

Wir hatten in Saus und Braus gelebt, nun schalteten wir ein paar Gänge zurück. Indem wir unser Leben reduzierten, wuchsen wir über uns hinaus. Heute können wir aus eigener Erfahrung sagen: Eine Vergrößerung ist nicht immer eine nachhaltig positive Entwicklung, und um sich wohlzufühlen, braucht es erstaunlich wenig. Lässt sich also die Dachterrassen-Geschichte als rein positiver Erkenntniszuwachs verbuchen? Erst im Nachhinein begann ich zu ahnen, wie krass diese Zeit für uns gewesen ist. Wir mussten natürlich nicht am Hungertuch nagen, aber der Schock, dass andere über unser Leben entschieden hatten und wir die Ereignisse nicht kontrollieren konnten, saß tief. Als die Dinge wieder in Fluss gekommen waren, wollte ich das Erlebte aufarbeiten. Die Zeit der Arbeitslosigkeit musste doch Verletzungen an Niks Seele hinterlassen haben! Ohnmacht, Selbstzweifel und die permanenten Kränkungen des Mitarbeiters in der Arbeitsvermittlung konnten nicht spurlos an ihm vorübergegangen sein. Ich schlug vor, bei einer Therapeutin eine Art Familienaufstellung zu machen. Nik war skeptisch. Ich überredete ihn, es sei schließlich zu seinem Besten. Und dann der Aha-Moment: Als wir die Figuren aufstellten, zeigte sich Nik ziemlich unbeeindruckt und mit stabilem Selbstwertgefühl. Wer in Tränen ausbrach und seiner Erschütterung endlich Raum gab, das war ich! Ich hatte mich als Löwenmutter mit nie erlahmenden Kräften gesehen, nun kam heraus, dass für mich die Ungewissheit eine größere Belastung war, als ich es mir zugestanden hatte: Werden wir es wirklich schaffen? Wann wird es endlich wieder besser werden? Wie lange geht das noch gut? Ich hatte in der Überzeugung gelebt, dass die ganze Familie in sich zusammenfällt, sobald ich in meiner Leistung nachlasse, und hatte mich deshalb in ständiger Anspannung und Alarmstimmung befunden. Die Löwin hatte gut gebrüllt, war aber auf ganz schön wackeligen Tatzen unterwegs.

***

War's das jetzt mit unnötigem Luxus? Leider bin ich immer noch ein wenig anfällig für den Wunsch nach Dingen, die nicht meinen wirklichen Bedürfnissen entsprechen. Ich hatte zum Beispiel vor einigen Jahren mal ein gebrauchtes Saab-Cabrio, weil ich mich mit wehendem Schal durch die Landschaft brausen sah. Im realen Leben habe ich den Wagen vielleicht dreimal mit offenem Verdeck auf kurvenreicher Strecke gefahren. Die meiste Zeit stand er in der Garage. Das war also nix. Da war auch die megateure Gucci-Brille, die ich mir in einem Anfall von Man-muss-sich-was-gönnen-Laune anschaffte. Keine gute Idee für jemanden, der nur mit Mühe ein Familienchaos bändigt und oft in Hektik ist. Nur wenige Tage nach dem Kauf ließ ich mich achtlos in einen Sessel fallen, seitdem staubt die Brille mit total verbogenem Gestell in meiner Man-müsste-sich-mal-drum-kümmern-Schublade vor sich hin. Das mega-schicke Koffer-Set war ebenfalls ein Griff daneben. Der Effekt war, dass ich total unentspannt darauf achtete, dass bloß kein Kratzer ans teure Leder kam. Ich hatte den Kauf vor mir damit gerechtfertigt, dass ich viel unterwegs bin – und genau das machte die Koffer so unpraktisch: Sie waren viel zu schwer und viel zu empfindlich für den täglichen Gebrauch.

Zu meiner Kleidung habe ich eine deutlich praktischere Einstellung. Ich bin so gut wie immun gegen Handtaschen, bei denen man sofort denkt: »Ah, da laufen dreitausend Euro mit der Frau durch die Gegend.« In Jeans und T-Shirt fühle ich mich einfach am wohlsten. Zum Glück bin ich immer wieder mit einer versierten Stylistin unterwegs, um meine Outfits für die Arbeit vor der Kamera auszuwählen und meine Garderobe *up to date* zu bringen. Wenn sie mir einen Designer-Jumpsuit in die Umkleidekabine reicht, denke ich: »Puh! Echt jetzt?« Sie hat es nicht immer leicht mit mir; wenn ich wie gewohnt nach einem normalen T-Shirt oder einem Kleid greife, das nicht gebügelt werden muss, sagt sie kopfschüttelnd: »Nein, das ist jetzt nicht das Richtige, Tamina. Du bist eine erwachsene Frau, das muss wertiger sein.« Wertig, da bin ich sofort dabei. Aber edel und teuer ist kein Selbstzweck.

Manchmal ist es allerdings auch schön, nicht ganz so unauffällig unterwegs zu sein. Vor allem auf den Städtereisen dürfen es für die Zuschauer gerne auch mal Statement-Ärmel oder raffinierte Kombinationen sein. In Paris mit einem schönen Trenchcoat zu flanieren, hebt gleich die Stimmung, und ein auffallend rosa Mantel und lässig hochgesteckte Haare passen zur Modestadt Antwerpen. Auch diese Facetten habe ich in mir – aber die Kinder würde ich so nicht von der Schule abholen.

Und was ist mit der ganz großen Gala? Mit dem berühmten roten Teppich verbindet mich ein ambivalentes Gefühl. In der Film-

und Fernsehbranche ist er ein Sinnbild für Anerkennung; wer auf ihm posieren darf, gehört dazu. Also möchte ich gerne »auf der Liste stehen« und wäre enttäuscht, wenn ich nicht zur Verleihung eines Fernsehpreises und ähnlichen Veranstaltungen eingeladen würde. Andererseits habe ich gar keine so große Lust darauf, mich bei solchen Gelegenheiten in aufwendiger Robe zu präsentieren, das passt nicht so recht zu mir. Ich rede mir gerne ein, dass das alles doch nur Äußerlichkeiten sind und ich nicht unbedingt auf Blitzlichtgewitter angewiesen bin, um präsent zu sein. Immerhin arbeite ich seit zwanzig Jahren beim Fernsehen und das Schicksal, buchstäblich von der Bildfläche zu verschwinden, hat mich bisher verschont. Die vielen positiven Rückmeldungen auf die Reisesendungen geben mir einige Sicherheit. Warum sich also sorgen? Doch dann schleichen sich Zweifel ein. Muss ich mich nicht doch auf möglichst vielen Kanälen zeigen, um zukunftsfähig zu sein? Seit ich beim Fernsehen bin, heißt es: Stell dich breit auf! Sei sichtbar! Wann war ich eigentlich das letzte Mal mit einer Bilderstrecke in einer Illustrierten? Spätestens wenn ich anfange, mich mit anderen zu vergleichen, wird es krampfig bis selbstzerstörerisch. Es ist ja auch eine Energiefrage: Wie viel Kraft habe ich für das Ich-muss-im-Gespräch-bleiben-Spiel?

Gut, dass es Social Media gibt!, dachte ich anfangs noch ganz unkritisch. Mit Facebook und Instagram hatte ich mich angefreundet, denn ähnlich wie bei den Reisesendungen geht es darum, die Follower an den Erlebnissen teilhaben zu lassen und ihnen Lebensfreude und Optimismus zu schenken. Genau mein Ding! »Wenn ich Deine Bilder sehe, krieg ich gute Laune!« schöner kann ein Feedback kaum sein. Doch die meisten Likes bekam ich nicht für Bilder von meinen Reisen, sondern für ein Foto, das Nik von mir in gelöster Stimmung auf einem privaten Spaziergang gemacht hat. Es ist ein ständiger Balanceakt: Wie viel von meinem Privatleben will ich preisgeben? Und noch etwas beschäftigt mich: Je strahlend positiver und perfekter ein Bild ist, desto mehr Zustimmung bekommt es. Ich muss also sehr gut aufpassen, dass ich nicht in gefährliches Instagram-Fahrwasser gerate und nur noch eine Parallelwelt aus sorgfältigst inszenierten Fotos mit drübergelegtem Filter anbiete. Nicht immer gelingt mir das. Ich möchte nah und authentisch rüberkommen, aber wo hört die Natürlichkeit auf und wo fängt die Inszenierung an?

Neulich klinkte ich mich gleich nach dem Osterfrühstück »kurz mal eben« aus dem Familienleben aus. Bevor wir uns auf den traditionellen Osterspaziergang machten, auf dem – oh Wunder! – viele Eier und kleine Geschenke zu entdecken sein würden, wollte ich schnell ein fröhliches Osterfoto posten. Ich ging hinaus auf die Terrasse, hielt eines der Eier, die die Kinder und ich zusammen bemalt hatten, so neben mein Gesicht, dass der Blick ins Tal den Hintergrund bildete. Hinter den Bergen strahlte die aufgehende Sonne auf – perfekt! Von drinnen kamen Stimmen: »Wo bleibst du denn?« – »Ja, ja, Moment, bin gleich so weit!« Ich überlegte mir einen launigen kleinen Satz und suchte passende Emojis. Jetzt noch die Hashtags. Also kurz überlegen: Welche Stichworte nehme ich? #Ostern, #Familienzeit, #Osterei … Hmmm, wie verknüpfen denn die anderen ihre Posts? Ich schaue nach: ah ja, #Osterhase und #Eiersuche. Ich wische mich durch verschiedene Posts durch. Kann meiner da mithalten? Ein feuchter Stupser an meiner Hand zeigt mir, dass unser Labrador Ronja, liebevoll auch »Unser Hausschwein« genannt, mich entdeckt hat. Sobald einer aus dem Familienverband ausschert, kommt sie angeschnüffelt, immer in der Hoffnung, dass bald alle wieder zusammen sind, es aber mindestens etwas zu fressen gibt. Ich schiebe Ronja weg, doch sie ist wie immer unendlich liebesbedürftig und drängt sich an mich. Das kann ich jetzt gar nicht brauchen, ich muss mich konzentrieren. Ich switche zurück zu meinem Foto: ein bisschen dunkel geworden, das Ei ist vor dem hellen Hintergrund eher ein Scherenschnitt, man kann das Muster gar nicht so gut darauf sehen. Also noch mal das Ei in Position bringen. »Dauert es noch lange?« tönt es aus der Küche. »Mami kommt gleich«, rufe ich abwesend zurück, denn meine Aufmerksamkeit gilt dem Ei. Die Kinder wollen los, klar, aber sie müssen eben mal einen Moment warten, das kann doch nicht so schlimm sein! Ich fotografiere noch einen Osterstrauß und ein Osternest – drei Bilder, das muss reichen. »Maaami!« – »Jaaa, gleich!« Schnell noch den Instagram-Beitrag mit Facebook verlinken. Fertig. »Ich komm ja schon!« Auf Facebook und Instagram sah es nach ein paar schnellen, authentischen Schnappschüssen aus. »Hach, was hat es die Tamina schön!« In Wirklichkeit hat die Zeit zwischen »Wartet mal, ich mach mal eben schnell ein Foto!« und »So, fertig!« über eine halbe Stunde gedauert. Ständig war der Hund halb im oder halb aus dem Bild, die Sonne war kurz weg, das Ei unscharf oder was auch immer. Als ich in die Küche zurückkam, war die schöne Osterstimmung dahin. Die Kinder waren genervt, Nik versuchte zu vermitteln und ich war sauer, dass die anderen so ungeduldig waren. Eigentlich hätte ich ein zweites Foto von uns als mürrischer Familie gleich hinterherposten sollen – das wäre ehrlicher gewesen.

***

Überhaupt – das Handy! *Muss* ich es ständig in der Hand halten? Offensichtlich ja. *Will* ich das? Eigentlich nicht. Leider ist es fast zu einem Glaubenssatz geworden, dass ein schöner Moment nur dann zählt, wenn er im Bild festgehalten wurde. Im letzten Winter, als wir im tief verschneiten und wild-romantischen Schwarzwald eine Wanderung machten, ließ ich das Handy extra zu Hause. Ich wollte nicht schon wieder mit meinen ständigen Aufforderungen »Klettere doch noch mal über den Baumstamm!« und: »Schau mal kurz her!« nerven. Es dauerte nicht lange und ich bereute die Entscheidung aus ganzem Herzen. Es war eine so schöne Lichtstimmung und die Kinder waren so entspannt und fröhlich! Ich nahm meine Umgebung nur in Bildausschnitten wahr – »*Das* wäre ein tolles Bild geworden! Und *dies* wäre ein tolles Bild geworden!« Während des Spaziergangs ärgerte ich mich darüber, dass mir nun so viele Bilder als Trophäen versagt blieben und all die Momente nun »verloren« waren, weil es keine »Beweisfotos« gab. Rational war mir klar, was ich mir da für einen Unsinn zusammendachte, aber ich konnte nichts dagegen tun. Das war mir echt unangenehm vor mir selber. Erst am Ende der Wanderung konnte ich loslassen und fand mich wieder in der analogen Welt zurecht. Niemand musste performen, alle bewegten sich viel freier. Muss ich noch betonen, dass diese Wanderung vielseitiger und erlebnisreicher als viele andere war?

Trotz dieses Erfolgserlebnisses ist die Sache noch lange nicht ausgestanden. Ich weiß zwar sehr gut, dass das ständige Handy-Hochreißen mir und meiner Familie nicht guttut. Am erschreckendsten ist es, wenn meine Kinder meinen, es sei etwas nicht in Ordnung, nur weil Mami nicht fotografiert. Doch wenn ich das Handy dann ganz tief unten in meiner Tasche verstecke und mir fest vornehme, es nur in ganz besonderen Momenten rauszuholen, funktioniert das nicht. Nach kurzer Zeit ist es doch wieder wie an meiner Hand festgewachsen. Auch im Beruf schieße ich manchmal weit übers Ziel hinaus. So mancher Kameramann hat mir schon bedeutet: »Tamina, jetzt lass mal dein Handy stecken. Ich stehe ja hinter dir und filme die Szene schon.«

Eigentlich will ich doch gar nicht nach meinem Smartphone greifen, wenn ich an einem See stehe und auf sein glasklares, stilles Wasser schaue! Kann man denn einen Moment wirklich im Hier und Jetzt genießen, wenn man ihn über einen Bildschirm wahrnimmt und nach dem perfekten Bildausschnitt sucht? Meine größte Motivation, die Macht des Handys über mich zu brechen, sind meine Kinder. Mit ihren zehn und zwölf Jahren gehören sie zu den wenigen ihres Alters, die noch kein eigenes Gerät haben, weil sie nicht ständig am Smartphone herumdaddeln sollen. Was denken sie, wenn sie mich dauernd mit so einem Ding herumhantieren sehen? Als Vorbild tauge ich in dieser Hinsicht nicht für sie.

Natürlich gibt es auch positive Aspekte. Seit die Kinder auf der Welt sind, wählen Nik und ich einmal im Jahr die allerschönsten Fotos aus und wir machen ein Fotoalbum daraus. Alle sind froh über diese Erinnerungen. Die Frage ist nur: Wie viele Fotos braucht man als Basis? Hundert? Tausend? Und wie viele »Bleib mal kurz stehen« und »Stell dich mal auf die Brücke« verträgt eine Familie?

***

Früher, als ich mich noch mehr ausprobieren musste, meinte ich, bei allen großen Show-Events mit dabeisein zu müssen. Ich war Jungreporterin bei ProSieben, als ein anderer Sender recht kurzfristig den Plan hochzog, Silvester 1999 mit einer großen Millenniumsaktion in Berlin zu feiern. In den Monaten zuvor hatte ich immer mal wieder angefragt, ob ich nicht auch mal für ganz andere Formate eingesetzt werden könnte, und dann hieß es tatsächlich: »Tamina, du bist mit dabei!« Und zack! wurde ich von dem Trubel mitgerissen. Ein halbes Dutzend Moderatoren sollte in dieser Nacht mit je einem Drehteam ausschwärmen und von verschiedenen Orten Berlins Drei- oder Vier-Minuten-Takes liefern. Dann ab in den Teambus und weiter zur nächsten Location – es würde eine Megahetze werden. Das Projekt nahm mit großer Bugwelle Fahrt auf, alles türmte sich groß und herausfordernd vor mir auf.

Schon die Logistik war ein Kraftakt. Nach Weihnachten kamen Änderungen der Ablaufpläne im Stundentakt, jedesmal musste ich meine Moderationen anpassen. In manchen Momenten fühlte ich mich als Klein-Tamina aus dem Schwarzwald total überfordert und vergaß, dass ich mich selbst nach vorn gedrängelt hatte. Dann wünschte ich mir mehr als alles andere auf der Welt, einfach mit ein paar guten Freunden auf das neue Jahrtausend anzustoßen. Am meisten Kopfzerbrechen aber machte mir, dass alles live aufgenommen werden sollte. Live ist in der Fernsehwelt ein großer Reiz, aber auch die ultimative Herausforderung. Denn bei »echten« Live-Übertragungen gehen Bild und Ton direkt auf Sendung, eine Korrektur ist nicht möglich. Bei *Live on Tape* hat man wenigstens etwas Zeitverzögerung, sodass die gröbsten Schnitzer noch wiederholt oder herausgeschnitten werden können. Ich hatte Albträume, dass ich etwas unsagbar Dummes machen würde, was mich bis an mein Lebensende verfolgen würde. »Weißt du noch? Damals – wie hieß die noch? Tamina Sowieso. Die hat doch Silvester 1999 tatsächlich … … …«

Dann startete die Nacht. Ich hörte mein Blut im Kopf rauschen, schickte so manches Stoßgebet gen Himmel. Es ging ganz nach Plan los, ich sprach mit einem Schaffner, als der Zug gerade die ehemalige Grenze zwischen Ost und West passierte. Okay, das war ganz passabel gelaufen, schnell weiter zum Roten Rathaus. Überstanden. Hopp, weiter zum Fernsehturm, der Blick sollte von hoch oben über Berlin gehen. Ein guter Plan. Nur zog in der Silvesternacht der Himmel zu, der Turm stand in dichtestem Nebel. Schockstarre. Was sollen wir machen? Uns oben an die Fenster stellen und launig ins Mikrofon plaudern: »Wie Sie sehen, sehen Sie nichts«? Natürlich konnte ich nichts dafür, dass das Wetter nicht mitspielte, aber ich musste liefern. Irgendetwas. Wir beschlossen, unten am Fuß des Fernsehturms zu bleiben, auch hier von Nebel umwabert.

Ich kann mich nicht mehr erinnern, was ich improvisiert habe, der gnädige Vorhang des Vergessens ist darüber gezogen. Aber das Gefühl, dass ich in dieser Situation hatte, ist mir noch sehr präsent: Ogottogottogott.

Die Stressnacht in Berlin ist jetzt über zwanzig Jahre her. Dass ich vor Anspannung fast gestorben war, steckt mir immer noch in den Knochen, manchmal habe ich richtige Flashbacks. Sie zeigen mir, dass ich mich entwickelt habe: Heute werde ich locker auch mit den blödesten Verstolperern fertig. Und falls ich vor laufender Kamera jemanden mit dem falschen Namen anspreche, ist auch das kein Beinbruch. Ganz im Gegenteil. Wenn mein Gegenüber dann launig sagt: »Nee, ich heiß aber Thomas Meier«, ist das für die Zuschauer viel unterhaltsamer als ein perfekter Ablauf. Trotzdem – bei aller Abgeklärtheit sind Liveauftritte immer auch Stress. Heute habe ich meine Extrovertiertheit und mein Bedürfnis nach Runterschalten und Rückzug ganz gut ausbalanciert. Wenn ich also überlege: Muss ich mir das antun?, dann hängt die Antwort davon ab, ob ich live auftreten will, weil das Thema zu mir passt und ich Lust darauf habe, oder ob andere meinen, ich müsse unbedingt dabeisein.

***

Immer wieder heißt es: Pass dich nicht den Erwartungen anderer an! Sei authentisch! Aber ganz ohne Anpassung geht es nicht. In Niks Heimat zum Beispiel, der Schweiz, haben die Menschen eine komplett andere Mentalität als in Deutschland. Man ist meist sehr diplomatisch, sehr zurückhaltend und sehr dezent. Die forsche deutsche Art kommt nicht gut an und das Dazwischengrätschen in Diskussionen ist ein absolutes No-Go. Sogar ich zucke mittlerweile zusammen, wenn ein Deutscher in eine Schweizer Bäckerei hineinstapft und sagt: »Ich krieg das Brot da oben rechts.« In Berlin ist das normal, doch ein Zürcher oder Basler windet sich in Peinlichkeit, wenn er Zeuge eines so dominanten Auftretens wird. *Comme il faut* ist es in der Schweiz, erst einmal nett zu grüßen, dann freundlich um ein Brot zu bitten und sich ausführlich beraten zu lassen, ob das Dinkel- oder das Mischbrot besser ist – auch wenn man seit Jahr und Tag dieselbe Brotsorte bevorzugt. Small Talk in der Bäckerei mag für Deutsche etwas umständlich sein, gehört in der Schweiz aber zum Lifestyle dazu.

Wenn ich in der Schweiz bin, kann ich mein Benehmen mittlerweile ganz gut auf den dortigen Modus umstellen. Die Feinheiten des Schweizer Verhaltenskodex' habe ich allerdings noch nicht völlig ausgelotet. Nik weiß gar nicht wohin mit seiner Fremdscham, wenn ich an einer Schlange vorbeilaufe, um nach typisch deutscher Art schnell mal eben zu fragen, ob es denn auch der richtige Schalter ist. Die vier Sekunden, die es braucht, bis die anstehenden Leute merken, dass ich mich nicht vordrängeln will, sind schon zu viel. Ein Schweizer – und damit auch Nik – würde sich klaglos hinten anstellen, Schritt für Schritt nach vorne trippeln, freundlich und geduldig anhören, dass leider, leider ein ganz anderer Schalter der richtige ist, sich erneut anstellen und noch einmal warten, bis er dran ist. Effiziente Abkürzung nach Teutonenart würde ihm nicht im Traum einfallen.

***

Sehne ich mich nach der großen Dachterrasse zurück? Manchmal schon, aber das sind nur kurze Anwandlungen. Was einmal völlig angemessen schien, muss ich heute nicht mehr haben, das gilt für die Essensdünste am Kölner Beethovenplatz genauso wie für die Zürcher Behausung, die mir wie ein viel zu großer Mantel um die

Schultern schlotterte. Ich möchte weder mit meinem Laptop auf dem Bett sitzen müssen, weil es keinen anderen Platz gibt, noch Zweidrittel des Familieneinkommens für einen zugigen Dachgarten ausgeben. Letztens war ich in einer riesigen Altbauwohnung mit dreieinhalb Meter hohen Decken zu Besuch, in deren Entree ein Sektempfang für fünfzehn Leute stattfand. Toll! In so einer Umgebung hat man gleich ein anderes Lebensgefühl. Aber so schön es auch ist, auf Dauer würde ich mich nicht wohlfühlen, durch endlose Zimmerfluchten zu wandeln. Vielleicht muss man von früh an gelernt haben, große Räume auszufüllen. Ähnlich ist es mit Traumorten wie den Seychellen. Für ein paar Wochen dort Land und Leute kennenlernen und in die Natur eintauchen zu dürfen, ist ein Privileg. Aber ich habe mir nie gewünscht, dort für immer zu bleiben. Die »Hütte in den Bergen« ist auch so eine Moment-Sehnsucht. Wie wunderbar, die reine Luft zu atmen und den Weitblick zu genießen! Aber möchte man das – und nichts anderes – wirklich rund ums Jahr haben? Viele meiner Freunde sehnen sich danach, aufs Land zu ziehen und in die Hühnerhaltung und den Gemüseanbau einzusteigen. Doch wenn das Federvieh frische Eier liefern soll, muss es gehegt und gepflegt werden, und ich sehe aktuell weder mich noch Nik Ställe bauen und in großem Stil schweren Boden umgraben und düngen. Man bekommt nie nur die schönen Teile, man muss schon das ganze Paket nehmen. Mit dieser Sichtweise fällt für mich so mancher Neid-Moment in sich zusammen.

Ich stelle fest, dass ich im Großen und Ganzen an meinem Wunschort bin. Im Coronajahr sind Nik, unsere beiden Kinder und ich aus einem Freiburger Vorort ein paar Kilometer den Berg hinauf gezogen, zu meiner Mutter in das Haus, in dem ich aufgewachsen bin. Die Balken des kleinen Schwarzwaldhauses sind im Erdgeschoss so niedrig, dass sich große Menschen bücken müssen und unser »Entree« ist ein kleines Flürchen, in dem sich Kinderschuhe stapeln. Repräsentativ ist hier wenig, dafür sind der Blick ins Tal und die Natur drumherum Balsam für die Seele. Wenn wir alle gemeinsam in der Küche um den großen Tisch am Holzofen zusammenrücken, möchte ich mit niemandem auf der Welt tauschen.

Nur eines könnte mich wankend machen: der Gedanke an die italienische Lebensart. Wenn ich die geschichtsträchtigen Landschaften des Gardasees, des Tessins, Südtirols oder auch der Toskana vor meinem inneren Auge sehe, geht mir das Herz auf. Kleine Bäckereien, aus denen es nach frischem Hartweizenbrot duftet, halb geschlossene Fensterläden, hinter denen man sich in kühlen Räumen von der Sonne erholen kann, das Klackern von Absätzen auf Kopfsteinpflaster. Hier ist das Leben sanft, sinnlich und genussfreudig. Die italienische Küche gehört natürlich mit dazu. Wenn internationale Köche stundenlang schönste Schäumchen aufbauen, beeindruckt mich das, aber mein Herz ist dort, wo mit einfachen Zutaten höchster Genuss entsteht. Ein Schüsselchen mit eingelegten Oliven, in der Pfanne gedünstete Auberginen mit frischem Brot, dazu ein würziger Käse und ein guter Wein – damit bin ich absolut happy.

Ich schließe die Augen und sehe mich in Siena oder Piacenza auf einem gepflasterten Platz sitzen, mit einer Backsteinmauer im Rücken, die abends die gespeicherte Sonnenwärme abstrahlt. Kann ich nicht beides haben? Ich kann! Ähnlich wie Kennan und Karen Ward könnte ich zwischen Schwarzwaldhaus und Italien wechseln. Aber das wäre mir viel zu anstrengend, ich bin ja sowieso schon ständig unterwegs. Über die Lösung bin ich rein zufällig gestolpert. Neulich habe ich in Freiburg, sozusagen vor meiner Haustür, einen kleinen Platz gefunden. An ihm bin ich schon oft vorbeigekommen, habe ihn aber nie richtig wahrgenommen. Wenn man den Blick dafür hat, sieht er richtig mediterran aus, sogar einen Eisladen gibt es um die Ecke. Ich holte mir ein Hörnchen mit zwei Kugeln und setzte mich ganz beglückt auf eine Bank. Auf einer Städtereise würde ich diesen Ort in den Himmel loben: »Was für eine gechillte Ecke, hier lebt es sich großartig!« Da saß ich und kam aus dem Staunen nicht heraus: nicht gerade ein Stück Italien, aber ein magisches Eckchen, an dem ich jederzeit in ein Urlaubsgefühl abtauchen kann. Und das keine Viertelstunde von zu Hause entfernt! Wenn mich mal wieder das italienische Zwei-Stunden-Fieber packt, weiß ich, wo ich sofortige Erleichterung bekomme.

Was mir im Schwarzwald sonst noch an Farbe und Abenteuer fehlt, erlebe ich auf meinen Reisen. Wie die Maus Frederick, die Lichtstrahlen sammelt, bringe ich kleine Mitbringsel mit nach Hause, in denen Bilder, Gerüche und andere Sinnesreize konserviert sind. In der Küche stehen kleine bunte und schon arg ramponierte Keramikschüsselchen, die mich an Istanbul erinnern. Die Kinder lieben Kaiserschmarrn nach echt österreichischem Rezept und die CD mit direkt ins Blut gehender Bachata-Musik, die ich aus der Dominikanischen Republik mitgebracht habe und nach der wir früher durchs ganze Haus getanzt sind. Und unserem Nachbarn, der uns mit seinem Traktor das Holz für den Ofen vorbeibringt und eigentlich nie dem Schwarzwälder Kirsch untreu wird, biete ich einen Meisterwurz aus dem Zillertal an. Dann sagt er: »Boh, das ist auch ein richtig guter Schnaps!« – und ich freu mich wie eine Schneekönigin.

Das Schwarzwaldhaus wird vielleicht nicht meine letzte Station sein. Woher soll ich heute schon wissen, wie in zehn Jahren meine Bedürfnisse und die meiner Familie aussehen werden? Eine Freundin meinte letztes Jahr nach glücklich überstandenem Wohnortswechsel zu mir: »Jetzt bist du bestimmt zum letzten Mal umgezogen.« Sie meinte es nach dem Umzugskisten-Chaos aufmunternd, aber ich hatte gleich so ein leicht enges Gefühl im Hals. Ich

will ja nicht das Gefühl haben müssen, dass jetzt schon der Sarg-
deckel zugeht.

Nur eines ist über all die Jahre stabil geblieben: Ich bin ein nesti-
ger Mensch. Wenn gefragt wird, welches Tier man gerne sei, antworten viele Menschen »Adler« oder »Löwe«. Sie sehen sich über
den Dingen schweben oder mutig brüllend alle Hindernisse aus
dem Weg räumen. Ich dagegen kann mich richtig gut mit dem
Murmeltier identifizieren. Wenn ich das sage, lachen alle, aber ich
meine es ernst. Denn bei aller Reiselust ist für mich eines unver-
handelbar: Ich brauche eine Rückzugsmöglichkeit. Weder Riesen-
Dachterrasse noch Hamsterkäfig, sondern einen gemütlich-woh-
ligen Ort, an dem ich meine Familie um mich habe, wir geschützt
sind und es uns kuschelig machen können. Dass Murmeltiere auch
gesellig und kommunikativ sind und es lieben, draußen unter einem weiten Himmel auf saftigen Almwiesen vor sich hin zu pfeifen, ist die andere Seite der Medaille. Also: Mut zum Murmeltier!
Murmeltiere wissen, dass das Leben nie einfach und eindeutig ist.
Es ist vielfältig und voller Widersprüche – und deshalb spannend
und einfach großartig!

KAPITEL 4

48° HANGNEIGUNG, FLIRRENDE HITZE UND EIN GRANDIOSER AUSBLICK

Ich kann freilich nicht sagen, ob es besser werden wird, wenn es anders wird; aber so viel kann ich sagen: Es muss anders werden, wenn es gut werden soll.

Georg Christoph Lichtenberg

Die Nationalpflanze Schottlands ist die Distel. Sie ist kraftvoll, rau und wehrhaft, aber innen auch zart und weich. Genau wie die Bewohner dieses Landes. Einmal fragte ich einen Schotten, warum seiner Meinung nach die Touristen so gerne in sein Land kommen. Die Antwort kam ganz trocken: »To get away from people« – also: Um von den Menschen wegzukommen und seine Ruhe zu haben. Auch diese Selbstironie ist typisch für die Schotten. Es ist eine Erfahrung, die ich überall auf der Welt gemacht habe: Je abgelegener und einsamer die Landschaft ist, desto interessierter, freundlicher und oft auch humorvoller ist der dort lebende Menschenschlag. Wo Massentourismus die Einheimischen nervt, können sie auch mal unfreundlich und ablehnend sein, doch wenn Begegnungen Mangelware sind, wird jede einzelne genüsslich ausgekostet.

Ich war schon einmal in Schottland, weiß also so ungefähr, was mich hier erwartet. Doch dieses Mal wollen wir auch die westlich des Festlandes gelegenen Äußeren Hebriden besuchen; auf diesen Inseln ist alles noch einmal dramatischer, schroffer und wilder als in den Highlands. Für manche Besucher ist es »zu viel Landschaft«, nur wer das Elementare liebt, fühlt sich hier wohl. Schon die Anreise zu unserer ersten Verabredung ist abenteuerlich. Um die Harris-Tweed-Weberin Joanna McDonnell zu treffen, setzen wir mit der Fähre nach Lewis und Harris über – ja, diese langgestreckte Insel hat einen Doppelnamen, im unteren Viertel hat sie eine Wespentaille, die den nördlichen Teil Lewis mit dem südlichen Teil Harris verbindet. Genau dort liegt der Hafen, an dem die Fähren vom schottischen Festland ankommen. Wir sind mit unseren Mietwagen übergesetzt, Maskenbildnerin Marie Ostwald und ich fahren gemeinsam in einem Auto, die anderen Teammitglieder in den beiden anderen. Die Wegbeschreibung ist nicht kompliziert: »Wenn Sie glauben, Sie sind falsch, dann sind Sie richtig.« Schon nach wenigen Kilometern haben wir den Anschluss an die Kollegen verloren. Weil das Handynetz Löcher hat, haben wir Mühe, uns wieder zusammenzutelefonieren; wir verstehen uns nur bruchstückhaft. Auch das Navi funktioniert nicht immer, vorausschauend hat die Autovermietung eine Straßenkarte in die Seitentasche gesteckt. Auf eigene Faust versuchen die Kollegin und ich, uns zur kleinen Weberei durchzuschlagen.

Die kleine Straße schlängelt sich durch karge Felsen, immer wieder öffnen sich spektakuläre Ausblicke auf Meeresbuchten. Wenn die Sorge nicht wäre, dass wir unseren Terminplan nicht einhalten, könnte man das Panorama glatt genießen! Instinktiv biegen wir in einen noch kleineren Weg ab, der sich steil in Richtung Meer hinabwindet. Da! Ein Haus! Ist es das? Ganz schön abgelegen! Wir steigen aus und schauen uns suchend um. Ein Mann kommt um die Ecke gestapft, ein kauziger, zur Landschaft passender Typ, und begrüßt uns. Es ist zwar kein mediterran-überschwängliches »*buon giorno!*«, aber dafür ein mit freundlicher Neugier ausgesprochenes »Was wollen Sie denn hier?« – »Wohnt hier Joanna McDonnell?«, fragen wir. Der Mann verneint und weist den Weg weiter hinunter. Echt jetzt? Wir sind doch schon am Ende der Welt, geht es da wirklich noch weiter? »Ja«, lacht der Mann, »noch ein Stück die Straße hinunter.« Wir holpern weiter, haben das Gefühl, samt Auto gleich ins Meer zu stürzen. Wir sind drauf und dran umzukehren: »Nein, unmöglich! Das kann hier nicht sein!« Aber genauso ist uns ja die Anfahrt beschrieben worden! Also hangeln wir uns doch noch ein paar Meter weiter und werden prompt belohnt. Wir biegen um eine Felsnase und sehen, dass die zum Meer hin abfallenden Klippen ein natürliches Plateau bilden, das gerade genug Platz für die beiden in das Gestein hineingeduckten Häuser bietet. Jetzt müssen nur noch die Teamkollegen hierherfinden. Wir versuchen, über WhatsApp unseren Standort durchzugeben, aber wir bekommen keine Verbindung. Per Telefon geht es ein bisschen besser. Trotzdem dauert es eine Weile, bis wir endlich alle beisammen sind und unsere Gastgeberin begrüßen können.

Joanna McDonnell strahlt von innen heraus, so wie es nur Menschen tun, die ein Leben führen, das sie tief befriedigt und erfüllt. Jede Geste, jedes Wort sagt: Das hier ist mein Ding. Im kleineren Haus, gerade einmal so groß wie eine Doppelgarage, hat sie ihre Werkstatt eingerichtet, in dem etwas größeren wohnt sie mit ihren beiden Kindern im Teenageralter. Rundherum nur Felsen, Wind, Meer, Schafe und Möwenkreischen. Joanna zeigt uns den Webstuhl, an dem ihr Harris-Tweed entsteht. Nur weil er strenge Qualitätskriterien erfüllt, darf er sich so nennen: Die Wolle stammt von schottischen Schafen, das Spinnen des Garns und das Weben in Handarbeit finden hier auf der Insel statt. Mechanische Webstühle oder Wolle aus dem Ausland sind tabu. Ich darf mich an den Webstuhl setzen, an dem Joanna bereits ein gutes Stück Stoff gefertigt hat. Ich bin überrascht, wie viel Kraft nötig ist, um per Fußpedale das Schiffchen hin und her sausen zu lassen, und wie feinfühlig man den Druck auf die Pedale kontrollieren muss. Den ganzen Tag diese Arbeit zu verrichten, muss ganz schön anstrengend sein; jetzt verstehe ich, warum Joanna so drahtig ist. Gutmütig schaut sie meinen unbeholfenen Webversuchen zu, ich bin gar nicht mal unzufrieden mit den paar Reihen, die ich fabriziere. Aber was wird nun aus dem halben Zentimeter, den ich dem Stoff hinzugefügt habe? Nur ausgebildete Handwerker dürfen Harris-Tweed weben. Joanna lacht und sagt, dass sie mit dem Stück Stoff eigentlich schon fertig war und sie meine Reihen später leicht wieder heraustrennen kann – ich vermute, dass sie das nicht nur wegen der strikten Vorgaben tun wird, sondern auch, weil meine Reihen für ihr geübtes Auge zu fest oder zu locker geworden sind.

Später stehen wir zusammen vor den beiden Häusern auf den von Wind und Wetter abgeschmirgelten Felsen und schauen über die weite Bucht. Ein großartiger Anblick, er passt zu dem Leben, das Joanna gewählt hat: einfach, klar und authentisch. Sie erzählt, dass sie in Liverpool aufgewachsen ist und lange mit dem Leben dort gehadert hat. Als Textildesignerin entwarf sie Stoffmuster am Computer; nur selten kam sie zum Weben. Die Entscheidung, den Aufbruch in ein neues Leben zu wagen, kam nicht über Nacht. Der Leidensdruck in der Großstadt nahm zu, doch die Ablehnung dessen, was ist, reicht ja meist nicht aus, um neu anzufangen. Es braucht auch die Sogwirkung eines verheißungsvollen neuen Lebensentwurfs. Für Joanna war das die Sehnsucht nach Luft und Raum und Eigenständigkeit. Zusammen mit ihren Kindern googelte sie ausgiebig nach Orten, wo es ihnen gefallen könnte. »Es gibt nicht viele Plätze, wo man als Weberin arbeiten kann«, sagt sie. Es hat lange gedauert, bis sie das Haus fanden, in dem sie heute leben. Sie fuhren dann gemeinsam her, um zu schauen, ob Landschaft und Lebensstil auch wirklich zu ihnen passen. Zu dritt entschieden sie, dass sie bleiben und es ausprobieren wollen. Ist es nicht doch manchmal zu einsam hier? »Nein«, ist Joanna sich sicher. »Ich mag Menschen. Es geht mir vor allem darum, eine Wahl zu haben, ob ich sie um mich habe oder nicht.«

Heute arbeitet Joanna selbstbestimmt, am Abend sieht sie, was sie den Tag über geschafft hat und ob sie es gut gemacht hat. Sie verkauft ihren Tweed weltweit direkt an ihre Kunden. »Sie kennen meinen Namen und ich kenne ihren Namen«, sagt sie. An der Herstellung von Harris-Tweed gefällt ihr auch, dass es ein regional verwurzeltes Handwerk mit langer Tradition ist. Der Lebenstakt ist dem Menschen angepasst und es gibt weder Verschwendung noch Billigarbeit, statt Masse wird Qualität produziert. Auch Joannas Kinder fühlen sich zu Hause an dem wohlig-warmen Ort, den sie an der wilden Küste geschaffen haben. Bei genauerem Hinsehen liegt dieser Ort gar nicht so fernab von jeder Zivilisation. Wir hätten es auch in der Hälfte der Zeit vom Hafen hierher schaffen können, man muss sich nur auskennen. »Wenn der Wille da ist, dann gibt es auch einen Weg«, meint Joanna. Sie ist einer der wenigen Menschen, die diesen Spruch sagen können, ohne dass er sich wie von einem Teebeutel-Schildchen abgelesen anhört.

Joannas 18-jähriger Sohn arbeitet seit einiger Zeit nebenher im Betrieb mit, aus kleinen Stoffstücken naht er kleine Taschen und Schlüsselanhänger. Ein winziges Stück Harris-Tweed hängt heute noch an meinem Autoschlüssel, himmelblau, mit ein paar bräunlichen Streifen. Der Stoff ist rau und etwas steif, wenn ich ihn in der Hand halte, habe ich sofort die Verbindung zu meinen Erlebnissen auf Harris. Ich rieche das Meer und die Kräuter, spüre den zerrenden Wind und erinnere mich an die Sorgfalt, die in diesem

Stückchen Stoff steckt. Und für noch etwas anderes steht mein Schlüsselanhänger: Er ist eine Gewissheit zum Anfassen, dass jeder herausfinden kann, was zu ihm passt, und sein Leben dann danach ausrichten kann.

Die Reise zu den Äußeren Hebriden war für mich ein Highlight des Jahres 2019. Sie hallte lange nach, denn sie war anstrengend und die Begegnung mit Joanna McDonnell hat mich dazu aufgefordert, mein Leben zu hinterfragen. Viele Menschen träumen davon, sich wie Joanna auszuklinken und ein weniger kompliziertes Leben zu führen. Als wir dort draußen über der Bucht standen, habe ich meinen Kollegen ansehen können, dass auch sie in sich hinein fühlten, ob sie so einen Neuanfang wagen würden. Für mich wäre so ein Schritt zu radikal. Das Extrovertierte und Wärmeliebende in mir sagt: Ferien auf den Äußeren Hebriden? Gerne. Aber dort leben: sicher nicht. Beglückt kehrte ich nach Freiburg zurück. Die Reise hat mich inspiriert und gleichzeitig persönlich darin bestätigt, dass mein aktuelles Leben gut zu mir passt. Ohne die Gelegenheit, es mit einer Alternative zu vergleichen, wäre dieses Bekenntnis nicht so klar möglich gewesen.

***

Ich kenne viele Menschen, die es in den Norden zieht. Sie blühen auf, wenn es im Herbst stürmt, und freuen sich auf den Winter, wenn das Wetter noch ungemütlicher wird. Sie trotzen Wind und Wetter und finden Trost in dem Gedanken, wie klein der Mensch und wie groß die Natur ist. Eine Freundin war einmal mit ihren beiden Kindern zwei Wochen im Wohnmobil auf den Lofoten, der vor der Nordwestküste Norwegens liegenden Inselgruppe, nördlicher noch als Island. Trotz Hochsommer war das Wetter so kalt wie schon lange nicht mehr, dazu regnete und stürmte es fast ohne

Pause. Nur in viele Kleidungsschichten eingemummelt konnten sie sich vor die Tür ihres Campers wagen, der Tag für Tag vom Wind durchgerüttelt wurde. Für manche wäre dieser Urlaub der totale Reinfall gewesen, aber meine Freundin und ihre Kinder fanden es großartig. »Einmal sind wir im Bus fast weggeweht worden«, erzählten sie mit leuchtenden Augen.

Andere – ich zum Beispiel – mögen es lieblicher. Im Sommer 2020 drehten wir an der Mosel, in den geschützten Tallagen dort findet man das wärmste Klima Deutschlands. Urlaub vor der Haustür war angesagt, und wir wollten schauen, was an dem neuen Image dieser Gegend dran ist. Dass viele Menschen immer noch Busreisen und billigen, süßen Wein im Sinn haben, wenn sie das Wort »Mosel« hören, hat einen Grund: Zunehmende Konkurrenz aus dem Ausland und die große Beliebtheit des für die Region typischen Rieslings hatte viele Winzer dazu gebracht, lange Zeit auf Masse statt Klasse zu setzen. Doch der Kundengeschmack hat sich verändert und die Massenproduktion in Deutschland wurde zur Sackgasse, weil es immer Länder gibt, die noch günstiger produzieren. Längst hat eine neue Winzergeneration begonnen, wieder mehr auf Qualität zu setzen und so den Weinbau an der Mosel zukunftsfähig zu machen. Heute gehören einige Moselweine wieder zu den besten Weinen der Welt.

An einem heißen Spätsommertag besuchen wir einen dieser Winzer aus der jüngeren Garde. Auf dem kleinen Weingut in Enkirch, nahe Traben-Trarbach, keltert die Familie Immich schon seit über fünfhundert Jahren Wein, mit Daniel Immich hat die 17. Generation das Geschäft übernommen. Als wir in die Hofeinfahrt des Weinguts einbiegen, fällt als erstes das massiv aus Stein gebaute Wohnhaus der Immichs in den Blick. Es stammt aus der Zeit um 1900, damals genoss Moselwein überall in Europa den besten Ruf und wurde zu hohen Preisen verkauft. Mit seinen neugotischen

Türmchen, Gauben und Rundbogen ist es fast schon ein kleines Schloss und macht den Eindruck, es könne für ein paar weitere Jahrhunderte das nächste Dutzend Immich-Generationen beherbergen. Ich bin gespannt auf die Familie, die ihr Weingut so lange Zeit bewahrt hat – was für eine Leistung! Es muss aber auch ein ungeheurer Druck für diejenigen sein, die Erbe und Tradition weiterführen sollen. Wie schaffen es die Menschen nur, dass ihre so unglaublich tiefe Verwurzelung nicht auch eine gewisse Enge im Denken mit sich bringt?

***

Daniel Immich, Jahrgang 1980, und seine Frau Jenny begrüßen uns auf dem Hof, ihre kleine Tochter wuselt um uns herum. Auch Daniels Eltern sind mit herausgekommen, halten sich aber ein wenig abseits; es ist ganz klar: Der Sohn ist hier der Chef. Gleich zu Anfang, wir stehen noch auf dem Hof beisammen, kommt unser Gespräch auf das Thema, das diese Familie umtreibt: Erneuerung und Wandel. Vater Immich hat das Weingut mit viel Geschick durch die Zeit geführt, in der die Zeichen auf Massenproduktion standen. Ob sein Sohn in seine Fußstapfen tritt, war lange unsicher, Daniel haderte mit der Last, die die lange Familientradition ihm aufbürdete. »Ich musste erst mal weg«, sagt er. Er verließ das Elternhaus und studierte Geisteswissenschaften. Erst als ihm die Welt offen stand, zog es ihn zurück zu den Weinbergen der Familie. Nun *musste* er nicht mehr, sondern er *wollte* den Betrieb übernehmen – aber auf seine eigene Art. 2009 fand der Generationenwechsel statt. Wenn Besucher heute zu einer Weinverkostung kommen, werden sie nicht in einen schummrigen Keller mit Schunkel-Atmosphäre geführt, sondern in eine moderne Halle im Lounge-Stil. Es hat viel Mut gebraucht, diese Investition zu wagen. Der Vater hatte Bedenken, ob die Besucher die neue Verkostungshalle annehmen, doch er half seinem Sohn, wo er konnte. Auch an neue Anbaumethoden, die Daniel eingeführt hat, und an die Fotovoltaikanlage, die heute den gesamten Betrieb mit Energie versorgt, musste er sich gewöhnen. Es fällt ihm bestimmt nicht immer leicht, all die Veränderungen zu akzeptieren. Aber er weiß auch, dass in einem Unternehmen nur *einer* das Sagen haben kann. »Macht Ihr mal«, ist seine Einstellung. Und doch merkt sein Sohn natürlich sofort, wenn sein Vater es anders gemacht hätte.

Auf unseren Reisen werden wir sehr oft Zeuge des Wandels. Vom Almbauern im Zillertal bis zum Elefantenführer in Sri Lanka – weil wir immer auf der Suche nach dem Besonderen einer Region sind, stoßen wir ganz automatisch auf Menschen, die die Kultur ihrer Heimat entscheidend mitprägen. Fast alle müssen sich damit auseinandersetzen, dass Traditionen mit der Zeit neu interpretiert werden müssen, wenn sie nicht sterben sollen. Giuseppe Tomasi di Lampedusa hat diesem Wandel mit seinem Roman »Der Leopard« ein Denkmal gesetzt. In der um 1860 handelnden Geschichte hadert der alte Fürst Don Fabrizio damit, dass sein Neffe Tancredi sich dem Revolutionär Garibaldi anschließen will. Als der Alte ihm Vorhaltungen macht, antwortet Tancredi: »Wenn wir wollen, dass alles so bleibt, wie es ist, muss alles sich ändern.« Es ist schon immer spannend gewesen: Wo gibt die ältere Generation nach? Wo hören die Jungen auf die Erfahrung der Alten? Und bei welchen Themen gibt es ernsten Streit? Wenn Alt und Jung auch noch unter demselben Dach wohnen, gibt es kaum eine Pause in der Auseinandersetzung um einen guten Weg in die Zukunft. Ganz schön anstrengend!

Veränderung ist immer ein Wagnis. Ich erlebe oft das Spannungsfeld zwischen dem Wunsch nach Erneuerung und dem Bedürfnis nach der Bewahrung des Gewohnten. Es ist gar nicht so einfach, hier die richtige Balance zu finden. Manchmal bleibt allerdings nichts anderes übrig, als eine Tradition für immer loszulassen. Ich habe schon auf einigen Reisen Korbflechter getroffen, die jeweils die letzten ihrer Region waren. Das war auf Lanzarote, auf Madeira und auch am Niederrhein so. Fast immer waren es ältere Menschen, die mit dem Wissen lebten, dass nach ihnen niemand mehr kommt. Es ist leider so: Eines der ältesten Handwerke der Menschheit ist als Brotberuf nicht mehr zu halten. Gegen maschinell hergestellte Ware – und erst recht gegen die Plastikversionen – kommt auf Dauer wohl niemand mehr an. Man kann nur auf eine wundersame Wiederauferstehung des Handwerks hoffen. Denn wenn das Wissen einmal verloren ist, wo soll es dann herkommen?

***

Bei hochsommerlicher Hitze führt Daniel Immich uns in den Weinberg gleich hinter dem Haus und zeigt mir, wie man mit einer beidhändig geführten Schere Weinranken wegschneidet, damit die Sonne freie Bahn zu den Trauben bekommt. Es gibt auch elektrische Scheren, bei denen man kaum Druck ausüben muss, aber die kommen fast ausschließlich beim Weinanbau auf ebeneren Flächen zum Einsatz. Hier, in einer sogenannten Steillage, wären sie zu unhandlich. Ich nehme die Schere in die Hand und versuche ein paar Schnitte. Sie ist für ihre Größe erstaunlich leicht, trotzdem merke ich die Anstrengung. »Da bekommt man schnell eine Sehnenscheidenentzündung, oder?«, frage ich Daniel. »Nein, die Handgelenke leiden nicht so sehr, das geht in die Oberarme.« Nur die Oberarme? Ich spüre nach nur einer knappen Stunde Stehen am Berg und dem gelegentlichen Schwenken der Schere meinen ganzen Körper. Ich habe den Eindruck, Weinbau ist Hochleistungssport, Tag für Tag, fast das ganze Jahr über. 17.000 Reben pflegen die Immichs von Hand, unvorstellbar!

Dann zeigt uns Daniel einen zweiten Weinberg der Familie, hier kommen zwei Buchstaben zur Bezeichnung dazu: Das ist keine Steillage mehr, sondern eine Steilstlage. Der erste Weinberg war schon arg abschüssig, dieser hier kommt mir vor wie eine Kletterwand. Vor vielen Jahren war er aufgegeben worden, wie so viele andere Steilstlagen an der Mosel auch. Zu beschwerlich und aufwendig war die Bewirtschaftung, es lohnte nicht. Nun hat der junge Winzer in mühsamster Arbeit wieder Reben angepflanzt. Damit nicht ein Großteil der Arbeitszeit und der Kräfte mit dem Hinauf- und Hinabsteigen auf der endlos langen, in den Berg hineingesetzten Treppe verlorengeht, transportiert eine neue Monorackbahn Menschen und Gepäck. So eine Bahn ist ganz simpel aufgebaut: Ein starkes Vierkantrohr auf kurzen Stelzen, unten mit einer Zahnstange versehen, ist sozusagen die Monoschiene, an der sich der Triebwagen und der angehängte offene Pritschenwagen Zacken für Zacken entlanghangeln. Die Fahrt mit dieser Bahn ist wirklich abenteuerlich. Reinsetzen, genießen, hochfahren – ganz so einfach ist es nicht. Die Steigung ist so extrem, dass der Ausflug zur echten Mutprobe wird. Noch bevor sich das Gefährt überhaupt in Bewegung setzt, habe ich größte Sorge rückwärts rauszufallen. Dann geht die Fahrt los, ich kralle mich an den Haltegriffen fest, als wir gefühlt senkrecht den Berg hinaufrackeln. Ich bin nicht der Kreischtyp, aber auf der Fahrt stoße ich zwei-, dreimal unwillkürlich Schreie aus, weil ich richtig Angst habe, rauszufallen. Der Kameramann hat mit seiner Kamera auf der Schulter einen ungünstigeren Schwerpunkt und stürzt tatsächlich fast aus dem Wagen. Im letzten Moment kann er sich noch festhalten. Das war richtig gefährlich; er wäre wohl über den schottrigen Schieferboden ungebremst bis ganz hinunter geschlittert. Als wir am oberen Ende der Schiene ankommen, taucht das nächste Problem auf. Ich bin nicht unsportlich, aber ich komme kaum aus dem Wagen raus, die Schwerkraft spielt mir einen Streich. Am Ende muss ich geradezu auf allen Vieren aussteigen. Wie schaffen es die Leute nur, an Steilsthängen wie diesem auch noch harte Arbeit zu verrichten? Ich muss mich konzentrieren, einfach nur im Stehen das Gleichgewicht zu halten, ich komme mir vor wie ein Steinbock, der seine Hufe in das abrutschende Gestein stemmt, und bin immer wieder in Sorge, eine unfreiwillige Direktfahrt Richtung Tal anzutreten – ohne Bahn.

Aber die Aussicht von hier oben ist überwältigend: Die Sonne steht schon tief, unter uns glitzert friedlich die Mosel, jenseits des engen Flusstales geht es wieder steil nach oben. Über den heißen Steinen flirrt die Hitze und gleißt das Licht. Der Tag neigt sich seinem Ende zu, es ist immer noch 30 Grad warm, der Boden ist laut Daniel doppelt so heiß. Wie in einem glühenden Ofen werden wir von oben und von unten gebacken. Als wir quer zur Falllinie des Berges laufen, rutsche ich noch zweimal fast auf dem schlitternden Untergrund aus. Ich muss auch aufpassen, dass ich nicht auf eines der gerade einmal kniehohen, zerzaust aussehenden Pflänzchen trete. Ein Wunder, dass in diesem Schotter überhaupt etwas wächst. Von fern sieht das Moseltal so satt und fruchtbar aus, erst von Nahem offenbart sich, wie sehr die Pflanzen hier ums Überleben kämpfen und wie viel Mühe und Sorgfalt die Menschen aufwenden müssen, um dem Boden etwas abzuringen. Schritt für Schritt laufen wir die Reihen ab, jede kleine Rebe liegt dem jungen Winzer am Herzen: »Diese hier sieht ganz gut aus, die dort ist schon fast vertrocknet.« Ich bin beeindruckt, wie fürsorglich er sich in seine Arbeit hineinkniet. »Warum nimmst du das alles auf dich?«, frage ich ihn. Daniel muss nicht lange für seine Antwort überlegen: »Dieser Weinberg gehört zu unserer Tradition, und die will ich wiederbeleben. Wenn alles gut läuft, wird er einmal einen sehr guten Tropfen hervorbringen, dann werden noch in hundert

Jahren meine Nachkommen Freude daran haben.« Wow! Daniel ist total im Detail unterwegs und gleichzeitig denkt er in großen Zeiträumen; er hat weitreichende Neuerungen eingeführt und parallel dazu kehrt er zu uralten Traditionen zurück. Und das alles ohne Netz und doppelten Boden! Denn niemand kann heute wissen, ob sich all die Mühe irgendwann auszahlen wird. Vielleicht bleibt der Regen aus und die jungen Reben, deren Wurzeln sich noch nicht zehn bis fünfzehn Meter in den Hang gegraben haben, um auch das letzte Tröpfchen Wasser abzufangen, sterben ab. Diese Unsicherheit kann man nur mit viel Idealismus und Mut aushalten. Würde Daniel seine Entscheidungen lediglich anhand von leidenschaftslosen Kosten-Nutzen-Rechnungen treffen, läge der Weinberg immer noch brach.

Zum Abschluss unseres Besuchs sind wir vor der neuen Verkostungshalle zu einer Weinprobe eingeladen. Daniel sabriert eine Flasche Wein: Mit einem stumpfen Säbel und beherztem Schwung schlägt er den obersten Teil des Flaschenhalses ab. Das ist »alte Schule« und braucht etwas Übung, sein Vater bekommt leuchtende Augen. Wir genießen den spritzigen, auf den Punkt gekühlten Weißwein. Wenn man weiß, wie viel Mühe es macht, Stunden um Stunden im Hang die Reben zu pflegen und dem Boden die Trauben abzuringen, schmeckt er noch mal so gut.

Daniel Immich ist einer der wenigen Menschen, mit denen ich auch nach dem beruflichen Kennenlernen lose in Kontakt geblieben bin. Im Frühling 2021 fragte ich ihn per WhatsApp: »Wie geht es Euch? Kommt Ihr zurecht?« Es war mir klar, dass das Weingut monatelang keine Gäste gehabt hatte, weder Übernachtungen in dem neu gebauten Gästehaus noch Weinproben in der Verkostungshalle konnten stattfinden. Die Antwort war typisch für ihn: »Wir kommen schon klar. Wir machen weiter.« Wenn 500 Jahre Tradition und der Mut zur Veränderung zusammenkommen, braucht es schon etwas mehr als den einen oder anderen Lockdown, um eine Familie, die zusammenhält, in die Knie zu zwingen.

***

Die Reise an die Mosel war für mich eine dieser Perlen, die man findet, wenn man am allerwenigsten damit rechnet. Ganz unverhofft wurde ich Zeugin, wie es ist, wenn drei Generationen unter einem Dach wohnen. Es war spannend zu sehen, wie gut das funktionieren kann, denn genau zu dieser Zeit plante auch meine Familie, diesen Schritt zu wagen. Nik und ich hatten schon länger überlegt, ob wir nicht unsere Mietwohnung im Freiburger Tal aufgeben und mit den Kindern ein paar Kilometer hinauf zu meiner Mutter in das Schwarzwaldhaus ziehen sollten. Platz gäbe es für uns alle genug, und wir könnten besser als zuvor füreinander da sein. Rational gesehen war es eine gute Idee, doch ich tat mich schwer damit, sie wirklich durchzuziehen. Meine Mutter und ich kommen gut miteinander aus, aber es gibt auch jede Menge Streitpotenzial – und Reibungen mit Menschen, die einem nahestehen, sind ja oft besonders hitzig. Wenn jeder seine eigene Wohnung hat, kann man Konfrontationen vertagen oder wegschieben. Doch ohne Ausweichmöglichkeit muss man dagegen immer wieder nachhaken und ausdiskutieren, sonst sammelt sich Ungutes an. Ich fragte mich: Habe ich überhaupt genug Energie für eine fortwährende Auseinandersetzung? Und wie würde ich mit dem Begleitrauschen aus Bewertung und Zensur zurechtkommen? Als Erwachsene wieder ins Elternhaus zu ziehen, wäre doch ein Rückschritt, oder?

Der Tag bei den Immichs nahm mir viele meiner Bedenken. Auch bei ihnen knirschte es sicher manchmal im Gebälk, doch ich sah, dass ihr Zusammenhalt stärker war als alle Meinungsverschiedenheiten. Auch meine Befürchtung, dass man automatisch in alte Rollenmuster zurückfällt, konnte ich nun erst einmal wegschieben. Denn Daniel hatte gezeigt, dass der Weg zurück ins Elternhaus auf eine gute Art gelingen kann. Ist man erst mal hinaus in die Welt gegangen und hat viele eigene Erfahrungen in seinem Lebensrucksack gesammelt, kann man mit Lebenserfahrung und Selbstvertrauen so manche Streitsituation lässiger durchwinken. Schwierige Konstellationen ergeben sich meiner Erfahrung nach eher dann, wenn jemand im Elternhaus hängen geblieben ist und nie auf eigenen Füßen gestanden hat. Daniel und mich verband also einiges: Die Rückkehr ins Elternhaus war nicht von vornherein geplant, sie hatte sich so ergeben. Und wir hatten beide eine Vorstellung davon, dass Veränderungen notwendig sein würden, bei gleichzeitigem Respekt vor der Lebensleistung der älteren Generation. Unter diesen Voraussetzungen kann auch das Heimkommen zu einem Aufbruch für alle werden.

***

Mittlerweile wohnen wir seit über einem Jahr alle zusammen in dem Schwarzwaldhaus. Es war eine gute Entscheidung. An meiner großen Erleichterung merke ich, wie groß zuvor meine Sorge war. Anfangs gab es noch viele Unsicherheiten. Wenn ich meine Mutter in ihrer Einliegerwohnung besuchte, ist es mir zum Beispiel immer wieder passiert, dass ich mich nicht hinsetzte und wir dann doch noch zwischen Tür und Angel ins Plaudern kamen. Dann stand ich da und fragte mich: Warum setzt du dich eigentlich nicht? Fällt es dir wirklich so schwer, mit dieser Nähe umzugehen? Heute genieße ich es, wenn ich meiner Mutter die Zeitung hinüberbringe und wir dann meist ganz spontan entscheiden: Sollen wir gemeinsam Kaffee trinken? Oder bleibt es bei einem schnellen »Guten Morgen«?

Natürlich ist es anstrengend gewesen, bis wir uns alle einigermaßen zurechtgeruckelt hatten – und manchmal auch laut. Heute sind wir ganz gut aufeinander eingespielt und es gelingt uns immer öfter, in den entscheidenden Momenten gelassen zu bleiben und uns zu sagen: Ach, lass mal, dieses Fass mache ich jetzt nicht auf. Natürlich gibt es Ausreißer. Neulich lagen die Nerven mal wieder blank, meine Mutter und ich standen vor dem großen Bücherregal im Wohnzimmer und schimpften uns lauthals wegen irgendeiner Nichtigkeit an. Und dann sahen wir beide gleichzeitig, dass genau auf unserer Kopfhöhe die Schiller-Gesamtausgabe im Regal stand – *das* Vorzeige-Objekt des gutbürgerlichen, gesitteten Hausstandes. Wir brachen beide in Lachen aus.

Weil wir uns nun auch räumlich nahe sind, reden wir mehr miteinander als zuvor. Das kann zwar eine Herausforderung sein, aber insgesamt empfinde ich es als ein großes Geschenk. Es gibt ja Geschichten, die auf jedem Familienfest so oft wiederholt werden, dass man schon die Lippen dazu bewegen kann. Aber dazwischen klaffen große Lücken. Heute nehme ich mir eher mal die Zeit, meine Eltern zu fragen: Sagt mal, wie war das eigentlich früher? Vor allem meine Kinder schaffen es, diese Schätze zu heben. Mit ihren unkonventionellen Fragen holen sie tief im Vergessen versunkene Ereignisse ans Licht. Im letzten halben Jahr haben sie mir schon oft von Familienereignissen erzählt, die ich noch gar nicht kannte. Sie bringen aber auch völlig neue Impulse in die Familie. Mein Sohn ist zwölf Jahre alt, in diesem Alter haben Kinder schon eine Ahnung davon, dass sie Individuen sind und einen Platz in der Welt haben. Seine Lehrerin hatte eine tolle Idee dazu: Ihre Schüler sollten einen Stammbaum malen, möglichst bis zu den Urgroßeltern. Da waren dann auch Nik und ich gefragt: Oje, wie hieß denn meine Großmutter mit Mädchennamen? Und wo stammen eigentlich die Großeltern väterlicherseits her? Mir war gar nicht bewusst, dass ich über unsere Familiengeschichte so wenig wusste. Als der Stammbaum fertig war, war das auch für mich ein nachhaltiges Aha-Erlebnis. Es kam zum Beispiel heraus, dass Nik italienische Vorfahren hat – ob daher seine Liebe zu Italien kommt, die uns so sehr verbindet?

Die Sache mit dem Stammbaum hatte noch ein Nachspiel. Als nächstes sollten die Kinder ausrechnen, wie viele Generationen es bis zu den Pharaonen sind, die vor 5.000 Jahren lebten und gerade im Fach Geschichte durchgenommen wurden. Was für eine wunderbare Idee, das Damals mit dem Heute zu verknüpfen. Um die Dimensionen begreifbar zu machen, sollten die Kinder dann die Anzahl der berechneten Generationen mit Legosteinen oder Ähnlichem in einer Spirale legen. Da saßen dann alle zusammen und betrachteten die Schlange aus 167 Steinen, die sich auf dem Fußboden aneinanderreihten. Die ersten drei davon gehörten zu uns, in Gedanken zählte ich auch die 17 Steine für die Immich-Familie ab. Sich vor Augen zu führen, wie viel Geschichte in jedem einzelnen von uns steckt, war für uns alle ein sehr eindrückliches Erlebnis.

***

Am Ende zählt die Familie. Bei uns im Schwarzwaldhaus geht es auf den Abend zu. Wir haben gegessen, die Küche ist leidlich aufgeräumt, meine Mutter entwirrt begeistert weiter verwandtschaftliche Beziehungen vergangener Generationen und schwenkt dann um auf Erzählungen von ihrer alten WG und den wilden Partys, die sie dort gefeiert haben. Diese Geschichten kenne ich ja noch gar nicht! Die Kinder sind mit einem Kartenspiel beschäftigt: die größten Tierrekorde. Wie schwer wird der Stör? Auf der Karte steht 1.500 Kilo. Was? Haben die sich vertippt? Mein Sohn hält mir die Karte vors Gesicht. Im funzeligen Licht kann ich nichts sehen, ich glaub, ich brauch bald eine Brille. Wir schauen auf der Rückseite der Karte nach. Tatsächlich! Ein Stör kann über fünf Meter lang werden. Wahnsinn! Oh, halt mal! Da steht auch, dass Störe unfassbar alt werden können – 150 Jahre. Wir staunen. Im Hintergrund läuft Musik. Meine Tochter mäkelt: »Können wir das mal leiser machen?« Können wir. Ich fange an zu summen. Was ist das nur für ein Lied, was eben noch lief? Ah, es liegt mir auf der Zunge, aber ich komme nicht drauf. Quälend! In dem Moment, in dem ich das Lied den anderen laut vorsumme, fallen mir schon zwei Liedzeilen ein:

Live this life of luxury,
lazing on a sunday afternoon

»Das ist doch von den Beatles, oder?«, frage ich in die Runde. Nik weiß Bescheid: »Nee, das waren die Kinks. Und außerdem heißt es ›*sunny afternoon*‹ und nicht ›*sunday afternoon*‹«. Ich glaube ihm nicht. Meine Mutter auch nicht. Sie ist sich sicher, dass das Lied von John Lennon stammt. Sie muss es eigentlich wissen. Denn für sie ist die Welt in zwei Lager geteilt: Fans der Beatles und Fans der Doors – beides zusammen geht nicht. Sie hat in ihrer Einliegerwohnung noch einen Plattenspieler und uralte Riesen-Boxen, mit denen sie manchmal das ganze Tal beschallt. Nik gibt nicht auf und sucht den Song auf Spotify. Da, er hat ihn! Er lässt ihn spielen. Ganz klar: es ist ein *sunny afternoon*, und es sind die Kinks. 2:0 für ihn. Ganz schön schräger Text, wenn man sich den so anhört. Meine Tochter zuppelt an meinem Ärmel, sie will Stadt-Land-Fluss spielen, wir anderen haben aber keine Lust. Immer dasselbe! Schließlich einigen wir uns auf neue Begriffe, die gesucht werden müssen. Eine Frucht mit »P« am Anfang? Riesengekreisch: Papaya! Pampelmuse! Pinguin! Pinguin?

Am Familientisch herrscht ein heilloses Durcheinander. Ich nehme mich kurz aus dem Spiel und schaue in die Runde: Meine Mutter fragt: »Von wem war noch dieses Lied ›Monday, Monday‹?«, die

Kinder hocken beisammen und haben jetzt das Handy beschlagnahmt, Nik sieht so aus, als würde er gleich einschlafen. So ist das also, wenn unsere Familie zusammen ist: nicht spektakulär, aber einzigartig. Draußen ist es schon lange stockdunkel, Schneeflocken wirbeln vor dem Fenster vorbei. Ich schaue auf die Uhr und rufe reflexartig: »Schlafenszeit!« Nik schaut mich nur kurz mit hochgezogener Augenbraue an. Stimmt, es ist doch gerade so schön! Warum nicht mal den ständigen Druck rausnehmen? Die Kinder tun so, als hätten sie nicht mitbekommen, dass sie nur knapp dem Ins-Bett-Gehen entronnen sind. Sie haben meine Mutter überredet, jetzt doch mit ihnen das klassische Stadt-Land-Fluss zu spielen. Nik holt noch eine Flasche Wein aus der Küche. Und wieder ist das Lied in meinem Kopf.

»DARF ICH DEN MAL ANFASSEN?«

Erfahrung ist nicht das, was einem zustößt.
Erfahrung ist das, was man aus dem macht, was einem zustößt.

Aldous Huxley

Obwohl die Scheibenwischer auf der höchsten Stufe laufen, können sie die Wassermassen kaum bändigen. Das weite Tal, das wir hinauffahren, sehen wir nur verschwommen. Wir passieren einen Parkplatz nach dem anderen, sie sind alle gähnend leer. Der letzte ist der größte, von ihm aus hat man den kürzesten Weg zur Sehenswürdigkeit. Auch hier ist nichts los. Der für Reisebusse reservierte Teil ist komplett verwaist. Die wenigen Autos, die dreißig, vierzig Meter voneinander entfernt auf dem Asphalt stehen, betonen nur die Leere des Platzes. Es ist unser erster Drehtag und ich hatte bis zuletzt gehofft, dass uns das Wetterglück doch noch lacht. Aber die Regenradar-App zeigt nur eine einzige Farbe: schwarzgrau für dicke Regenwolken. Es wird also noch den ganzen Tag wie aus Kübeln schütten.

Wir sind in Krimml, unweit von Österreichs höchstem Berg, dem Großglockner, und unser Ziel sind die Krimmler Wasserfälle. Mit 380 Metern Höhe sind es die höchsten Fälle der Alpen, weltweit sollen sie sogar auf Platz 5 stehen. Sie sind der offizielle Startpunkt für den 300 Kilometer langen Tauernradweg, der uns von Krimml flussabwärts entlang bis nach Passau führen wird. Radfahren durch die Alpen? Das scheint nur etwas für Extremsportler zu sein. Doch dieser Radweg hat nur wenige Steigungen, an Salzach und Inn entlang geht es fast immer leicht bergab. Konditionsmäßig ist das gut zu schaffen. Dass der Radweg an einem Highlight wie den Krimmler Wasserfällen beginnt, passt perfekt, denn wenn im fertigen Filmbeitrag die ersten Bilder besonders stark sind, macht das den Zuschauern Lust, die Sendung weiter anzuschauen. Womit wir nicht gerechnet haben, ist das Wetter: Es ist ein einziges Gepladdere. Vom großen Parkplatz bis zu den Wasserfällen geht es eine knappe Viertelstunde zu Fuß. Nach weniger als fünf Minuten sind wir bis auf die Knochen nass. In einem unerfahrenen und wenig aufeinander eingespielten Team kann so ein Auftakt dazu führen, dass die Stimmung kippt. Doch Autor Michael Wieseler und Kameramann Jürgen Behrens sind alte Hasen. Mit ihnen habe ich schon die Alpenüberquerung gemacht und ich weiß, dass sie äußeren Druck nicht ins Team hineintragen. Egal was kommt, sie begegnen allen Widrigkeiten mit Gelassenheit. Auf unaufgeregte Art und Weise vermitteln sie: Wenn Plan A nicht klappt, werden wir eben einen Plan B finden. Diese Haltung ist ansteckend für alle Beteiligten. Da gibt es manchen trockenen Spruch im strömenden Regen. Ich mache ein paar Aufnahmen von der fest in mehrere Plastikschichten eingewickelten Ausrüstung. »Das ist der Fotobeweis, dass wir gut auf das Equipment aufgepasst haben.«– »Ja, wir sind echt mit allen Wassern gewaschen!«

Das Tosen und Donnern des Wasserfalls ist schon von Weitem zu hören. Endlich kommt er in Sicht. Wir können nicht erkennen, wie hoch er ist, die schäumenden Massen stürzen aus den grauen Regenschwaden heraus. Dass es noch eine Steigerung an Feuchtigkeit geben kann, hätte ich für unmöglich gehalten. Aber es wird tatsächlich noch nasser. In die Regenfluten mischen sich nun feinste Tröpfchen, Wasserstaub sozusagen. Man kann kaum atmen. Es ist ein unglaubliches, fast furchteinflößendes Naturspektakel. Die Szenerie zieht mich magisch an, ich habe ein geradezu körperliches Bedürfnis, einige glitschige Felsen hochzukraxeln, um noch näher an den Wasserfall heranzukommen. Gefühlt bin ich fast schon in ihm drin. Jürgen hat mit Regencape über der Kamera etwas weiter weg in einer Felsspalte einen halbwegs sicheren Stand gefunden und filmt, wie ich auf einem Vorsprung stehe, gleich hinter mir rauscht das Wasser herunter. Als kleiner Mensch trotze ich den Gewalten und fühle mich gleichzeitig als Teil von ihnen. Was für ein Moment!

Dass an diesem Tag Sturzbäche vom Himmel kamen, sieht man im späteren Film nicht. Der Eindruck geht eher in Richtung »Es war wohl ein wenig trüb«. Das liegt daran, dass selbst starker Regen am Bildschirm »verpixelt«. Auch in meinen Erinnerungen ereilt ihn dieses Schicksal: Im Nachhinein scheinen mir die Strapazen gar nicht so schlimm gewesen zu sein. Kalt-klammes Gore-Tex an der Haut, Regen im Gesicht, klebrig-nasse Klamotten im Teambus – alles vergessen und verdrängt. Dieser halbe Tag an den Krimmler Wasserfällen war einfach abenteuerlich und großartig. Ich bin sicher, wenn die Tauernradweg-Truppe irgendwann noch einmal in dieser Besetzung zusammentrifft, werden wir sagen: Weißt Du noch? Die Krimmler Wasserfälle? Wahnsinn!

***

Die Professionalität des Teams kommt auch handwerklich zum Tragen. Enno Grabenhorst, der für den Ton verantwortlich ist, bringt das Kunststück fertig, dass das ewige Geprassel nicht auf die Tonspur gerät. Und Jürgen schafft es, trotz schattenlosem Grau in Grau und windiger Feuchtigkeit tolle Bilder zu liefern. Er ist die ganze Zeit damit beschäftigt, die Kameralinse zu wischen und die nassen Plastikhüllen zurechtzuzupfen, die ihn und seine Ausrüstung mehr schlecht als recht vor der Sintflut schützen. Nach zwei Stunden entscheiden wir: Mehr geht nicht, wir brechen ab. Nun müssen wir noch nach einem Plätzchen suchen, wo ich zum Auftakt der Reise ein wenig darüber erzählen kann, was uns und den Zuschauer erwartet. Normalerweise hätten wir das mit dem Wasserfall im Hintergrund gemacht. Aber jetzt brauchen wir unbedingt ein Dach überm Kopf. Ein Stück unterhalb steht ein Wanderhäuschen. Ein guter Ort, um aus dem roten Rucksack eine Karte herauszuholen und auf ihr zu zeigen, wo uns der Tauernradweg noch entlangführen wird und auf kommende Highlights hinzuweisen.

An dieser ersten Station ist offiziell nur die Radwanderkarte in dem Rucksack, doch wenn er anfangs noch nicht so voll ist, packe ich auch private Dinge in ihn hinein. Es ist mir schon einige Male passiert, dass ich vor laufender Kamera etwas aus dem Rucksack holen wollte und ich es zwischen Geldbeutel, Sonnencreme und Taschentüchern nicht gleich finden konnte. Na typisch! Hier im Wanderhäuschen muss ich aufpassen, dass ich nicht meine Ersatz-Regenhose mit herausziehe. Ich fasse in den Rucksack hinein – uuh! Der Inhalt ist ein einziger Plotsch. Die spiralgebundenen Kartenblätter sind eigentlich wetter- und reißfest, können sich aber nicht so recht entscheiden, ob sie auseinanderfallen oder zusammenkleben sollen. Der Zuschauer, der diesen Rucksack gewinnen wird, wundert sich bestimmt, warum die Radwanderkarte so mitgenommen aussieht. In Windeseile halte ich sie in die Kamera. So kurz ist eine Einführung in die Sendung noch nie ausgefallen. Jetzt schnell ab zum Hotel und unter die warme Dusche!

Auch in den nächsten Tagen regnet es fast ohne Unterlass. Wir schaffen ein paar Einstellungen, wie ich mit dem Fahrrad kleinere Streckenabschnitte entlangfahre. Nach 65 Kilometern führt der Radweg nach Zell am See. Auf meiner Fahrt am Ufer entlang muss ich mir kurzerhand das riesige Regencape von Michael ausleihen, damit überhaupt ein paar Bilder zustande kommen. Gar nicht so einfach, in einem Zelt Fahrrad zu fahren! Dann entscheiden wir spontan: Wir müssen raus aus dem Regen und irgendwo drinnen drehen. Aber wo? Wir entdecken ein nettes Restaurant, das hat allerdings gerade eben zugemacht, weil sich bei dem Sauwetter sowieso kaum jemand auf die Straßen wagt. Wir fragen den jungen Küchenchef, ob wir bei ihm drehen dürfen. Klar! Gerne! Wir dürfen sogar filmen, wie er in seiner Küche einen Kaiserschmarrn zubereitet. In der Gaststube ist ein wohliges Plätzchen bereitet, ein fröhlicher Wiesenblumenstrauß auf dem Tisch rundet das Bild ab. Trocken und warm sitzen zu dürfen, was für ein Luxus! Stolz und mit roten Backen serviert uns der Chef den Kaiserschmarrn direkt in der gusseisernen Pfanne. Eigentlich schmeckt dieses Gericht ja am besten nach acht Stunden Wanderung. Aber nach Filmaufnahmen im Dauerregen ist der Hunger auf was Heißes mindestens genauso groß. Die auseinandergerissenen Teigstücke, außen ganz kross, eine dicke Schicht Puderzucker obendrauf, dazu hausgemachtes Apfelkompott … ein Gedicht!

***

Wenn ich auf den Reisen Essen probiere, müssen die Teamkollegen zuschauen, bis die Bilder im Kasten sind. Dann erst dürfen auch sie zulangen – aber nur, wenn es die Zeit und die Umstände erlauben. Dieses Mal erholen wir uns alle gemeinsam von den Anstrengungen der letzten Tage, eine Pfanne nach der anderen wandert an unseren Tisch. Nachklapp: Der Autor Michael erzählte mir später, dass auf den Aufnahmen zwar zu sehen war, wie ich mit großer Lust den ersten Happs genieße. Aber es fehlte die Nahaufnahme, wie die Gabel in die Kaiserschmarrn-Brocken hineinfährt. Also bereitete er zu Hause einen Kaiserschmarrn nach allen Regeln der Kunst zu, achtete auf möglichst gleiche Stückgröße und Bräunung und filmte, wie die Gabel in den fluffigen Puderzucker hineinsticht.

Darf man das? Wird da nicht der Zuschauer verschaukelt? Solche Nachdrehs können ein heikles Thema sein. Es ist für uns selbstverständlich, dass unsere Sendungen gut recherchiert sind, ehrlich berichten und nichts beschönigen. Andererseits wollen wir den Zuschauern auch schönste Erlebnisse bieten. Ein nachgekochter Kaiserschmarrn kann ein erster Schritt auf eine schiefe Bahn sein, dessen sind wir uns bewusst. Am Ende hätten wir das Problem, dass irgendwelche von Reiseveranstaltern zugeschickten Bilder zusammengeschnitten werden, deren Authentizität wir gar nicht beurteilen können. Wo ist die Grenze? Der Prüfstein ist, ob es dem Zuschauer dient oder der eigenen Bequemlichkeit. Beim Kaiserschmarrn war die Sache klar: Michael hatte für eineinhalb Sekunden in der fertigen Sendung einen ganzen Abend in seiner Küche gestanden. Es ging also nicht um Werbung oder Kostenoptimierung, sondern darum, das fehlende Puzzlestück zu liefern, damit dem Zuschauer das Wasser im Mund zusammenläuft.

Bei einer anderen Frage haben uns die besonderen Umstände erfinderisch werden lassen. In Zell am See hatten wir schon fast ein Viertel der Strecke hinter uns, und immer noch schüttete es. Die Frage war: Wie bekommen wir etwas Sonne in den fertigen Film? Wenn wir wie beim Tauernradweg eine Reise mit festgelegtem Streckenverlauf drehen, kann der Schnitt nicht einfach eine spätere Station mit besserem Wetter vorziehen. Wir wollten den Zuschauern aber auch keine endlose Nebel- und Regensuppe zumuten. Dafür, dass es auch graue Tage geben kann, hatten wir schon ausgiebig Bilder gesammelt. Also wurde entschieden, dass einige Kollegen später noch einmal zu den Krimmler Wasserfällen und nach Zell am See fahren würden. Der Nachdreh wurde ein Erfolg: Auf ihren Bildern zeigt sich die Gegend von ihrer allerschönsten Seite. Der Himmel ist wolkenlos blau, die Krimmler Wasserfälle stürzen malerisch zu Tal und an der Zeller Uferpromenade spiegeln sich Berge und Häuser postkartenreif im See. Das Interview, das ich mit Johanna Klammer vom Zeller Tourismusverband führe, findet dagegen bei Regenwetter auf einem der Schiffe statt, die über den See fahren. Wir unterhalten uns drinnen und die Kameraeinstellung ist so gewählt, dass der Hintergrund nur undeutlich zu sehen ist. Dass die Außenaufnahmen Schiffchen und See bei strahlendem Sonnenschein zeigen, beim Interview aber Regentropfen die Scheiben hinunterlaufen, entdecken nur sehr aufmerksame Zuschauer. Hätte sich das Gespräch auf dem Schiff nicht um Kaiserin Sissi gedreht, sondern darum, dass es in dieser Region oft schönes Wetter gibt, hätten wir diesen Kunstgriff sicher nicht angewendet.

***

Das Wetter klart auf. Endlich! Wir wollen nicht nur den Tauernradweg abradeln, sondern auch den einen oder anderen Abstecher machen. Hoch über dem Zeller See wohnt ein Mann, auf den man stolz ist in der Region. Immer höher in die Berge schraubt sich die kleine Straße. Auf halber Höhe erwarten uns ein herrlicher Ausblick auf den See, ein Haus mit einer urigen alten Holzknecht-Hütte gleich daneben – und Fritz Sendelhofer.

Wenn es mit dem Team losgeht, genieße ich es sehr, wenn ich nur Eckdaten zu den geplanten Begegnungen habe, denn dann kann ich authentisch Menschen und Situationen entdecken – ohne Erwartungshaltung und ganz neugierig darauf, was da auf mich zukommt. Der Autor instruierte mich: »Herr Sendelhofer macht die besten Kasnocken Österreichs, aber nur, wenn er gute Laune hat. Und dann gibt es auch noch etwas anderes herauszufinden.« Na, ich war gespannt!

Zuerst bestaunen wir in der Holzknecht-Unterkunft die Sammlung alter Werkzeuge, Sägen, Kraxen und Pflüge, die unser Gastgeber zusammengetragen hat. Sie stammen teilweise von seinem Großvater und von seinem Vater, der Holzknecht war. Dieser Fundus gibt uns eine Ahnung davon, wie hart das Leben in den Bergen war, und schlägt eine Brücke zu vergangenen Generationen. Noch bevor ich Fritz Sendelhofer kennengelernt habe, denke ich: Dieser Mann ist tief in seiner Heimat verwurzelt. Und da steht er auch schon in seinem Garten! In Hut, Janker und Lederhose, mit einem riesigen Vollbart und humorig funkelnden Augen. Ich frage mich: Ist er schon sechzig oder etwa doch deutlich älter? Raubeinig und eigensinnig ist er, umso mehr leuchtet sein Charme hervor. Hier oben hat er alles, was er braucht. Sogar sein eigenes Bier braut er. Ein spannender, sehr eindrücklicher Mensch mit Ecken und Kanten.

Als wir vor der Hütte stehen und ich überlege, wie wir nun elegant auf die halb versprochenen Kasnocken zu sprechen kommen, merke ich: Das Team schaut so erwartungsvoll – soll ich etwa noch mehr entdecken? Ich schaue Fritz an, ganz klar, der Bart ist sein großer Stolz. Fein gepflegt und gestutzt ist er, ein echter Kontrast zu dem knorzigen Typ. Natürlich muss ich das Prachtstück ansprechen! Ich frage: »Darf ich den mal anfassen?« – »Ja freili magst reingreifen. Ist kein Stacheldraht.« Ganz zutraulich hält er mir seinen Bart hin. Mit beiden Händen fasse ich ihn an. Und tatsächlich! Obwohl der Bart so drahtig und wehrhaft aussieht, ist er ganz weich und fluffig. Und dann kommt es heraus: Ich stehe neben dem Bartweltmeister! In Norwegen gab es 2011 bei den *World Beard and Mous-*

tache Championships Preise in achtzehn Bart-Kategorien, darunter »Kaiserlicher Schnauzbart«, »Kinnbart Musketier«, »Dalí« und »Freestyle«. Fritz Sendelhofers Bart gehört in die Sparte »Vollbart Garibaldi«. Gleich im ersten Anlauf räumte er den Meistertitel ab. 2012 verteidigte er ihn in Las Vegas. Seitdem ist er noch ein paar Mal Europameister geworden. Auch auf Weltmeisterebene war er weiter an der Spitze unterwegs. Sein größter Stolz ist es, dass er auch einmal Sieger der Sieger geworden ist, der Universal-Champion aller achtzehn Klassen.

Was für eine Überraschung! Ich hatte Fritz ganz falsch eingeordnet. Automatisch bin ich davon ausgegangen, dass dieser Eigenbrötler sein Leben lang kaum aus seinem Tal herausgekommen ist. Aber in Wirklichkeit ist er um den halben Globus gereist. In einem Alter, in dem so manch anderer nur noch matt im Sessel sitzt, hat er sich ins Unbekannte gewagt, spannende Menschen kennengelernt und als Botschafter ein Stück seiner Heimat in die Welt getragen. Vielleicht ist dies das Geheimnis eines glücklichen Lebens: Sich selbst treu bleiben und dabei den Blick über den Tellerrand nicht scheuen.

***

Dann geht es an die Kasnocken. Die gusseiserne Pfanne, die Fritz in der kleinen Hütte aufs offene Feuer stellt, hat einen Meter Durchmesser und wiegt bestimmt zehn Kilo. Mit einem großen Schaber schaufelt er Butterklötze hinein und wir schauen zu, wie sie schmelzen und anfangen zu brutzeln. Nun kommen Zwiebeln dazu. Die Handgriffe sitzen, Fritz plaudert ein wenig, ist aber auf die Kasnocken konzentriert. »Kann ich helfen?«, frage ich artig. Er wehrt gleich ab: »Naa, naa, da greif mal nix an!« Das ist klar: An seine Kasnocken lässt er niemanden ran. Das Rühren übernimmt er. Aber Schnittlauch aus dem Garten darf ich holen. Ich stapfe hinüber ins Haus, hole ein Messer und mache mich auf die Suche. In einem kleinen Gärtchen hinterm Haus werde ich fündig, ernte ein großes Büschel Schnittlauch. Als ich ihn auch kleinhacken darf, bin ich richtig stolz.

Das Rezept ist übersichtlich: Zwiebelwürfel in der geschmolzenen Butter bräunen lassen, dann die vorbereiteten Nocken aus Mehl und Eiern hineingeben, am Schluss zweierlei Bergkäse untermengen. Damit sich die Nocken mit dem Käse verbinden, müssen sie richtig heiß sein. Schon fertig! Aus der kleinen Hütte trägt Fritz die Pfanne ächzend ins Haus. Ehrensache, dass er sich auch jetzt nicht helfen lässt. Er stellt die Pfanne auf den großen Tisch, wo schon die Gäste versammelt sind: zwei nette Nachbarn, von denen der ältere aussieht wie der Glatzen-Per bei Ronja Räubertochter. Die Kasnocken löffeln wir gemeinsam aus der Pfanne. Die Portion ist natürlich viel größer als für die vier Personen am Tisch, das sieht man sofort. Das Drehteam muss sich zurückhalten, bis die nötigen Einstellungen im Kasten sind, dann setzen sie sich zu uns. Schnell ist alles leergeputzt. Auch das lerne ich von Fritz Sendelhofer: Nach dem Essen werden die Löffel in die Pfanne geschmissen. Es muss scheppern, denn dann ist die Pfanne zum Lob des Kochs leer. Zum Abschluss gibt es noch einen Rachenputzer, einen reinen Birnenschnaps, der ganz schön zwirbelt – Prrrrost!

Dieser Besuch hoch über dem Zeller See verlief freestyle. Denn diesen Gastgeber konnte man nicht fragen: »Könnten Sie bitte noch mal die Pfanne hochnehmen? Ich möchte eine andere Perspektive ausprobieren.« Für das Kamerateam war das stressig, denn die Szenen mussten gleich beim ersten Mal sitzen. Nur ein einziges Mal hörte der Sendelhofer Fritz auf eine Regieanweisung: Kameramann Jürgen wollte das Anstoßen mit dem Birnenschnaps gerne noch mal in Nahaufnahme haben. Normalerweise würden wir uns in so einer Situation dann mit Wasser gegenseitig zuprosten, doch das ließ unser Gastgeber nicht zu. Das ging gar nicht! Also wurde noch einmal richtiger Schnaps nachgeschenkt – und die Backen wurden röter, die Augen glänzender und die Stimmung noch lustiger.

Der Besuch bei Fritz Sendelhofer war ein toller, in sich stimmiger Nachmittag mit echten Glücksmomenten. Ich hatte mich mit einem spannenden Menschen unterhalten, Schnittlauch hacken und köstliche Kasnocken genießen dürfen. Darüber hatte ich zeitweise sogar vergessen, dass die Kamera mitlief. »Ein herrlicher Zustand: leicht beschickert und keine Termine«, hat mal jemand gesagt. Genauso fühlte ich mich. Am Ende war ich ganz überrascht, dass ich noch ein Fläschchen Birnenschnaps in die Kamera halten sollte, der als kleines Geschenk in den roten Rucksack kam.

***

Weiter ging es auf dem Tauernradweg. Bei schönstem Sonnenschein stand nun Canyoning mit der Naturführerin Angela Seisenberger durch die Seisenberg-Klamm auf dem Programm. Doch wegen des schlechten Wetters der vergangenen Woche war der Bach in der Schlucht so reißend geworden, dass wir den Plan aufgeben mussten, uns mit Springen, Tauchen und Abseilen durch die Fluten zu kämpfen. Also wanderten wir gemütlich auf den gut gesicherten Holzstegen in die angenehm schattige Klamm hinein. Das Erlebnis war nicht weniger eindrücklich. Wir bestaunten die in Jahrtausenden glatt geschliffenen Felswände und bewunderten den Mut der Männer, die früher Holz durch die Klamm ins Tal geschickt hatten – es war eine sehr gefährliche Arbeit, festgeklemmte Baumstämme wieder in Bewegung zu setzen. Immer enger und steiler wand sich der Weg durch die Klamm hinauf, schließlich kamen wir oberhalb des Felseinschnitts wieder in ebeneres Gelände.

Hier war der Gebirgsbach breiter und etwas ruhiger, der Himmel über uns blitzblau. Angela führte mich zu einem flachen Felsen mitten in den Stromschnellen. Wir zogen die Schuhe aus und wateten durch das eiskalte Wasser zu diesem Sonnenfleck. Dort saßen wir beieinander und genossen den Augenblick. Nach der Kühle der engen Klamm war die Wärme sehr willkommen. Für mich war dies einer der schönsten Momente der gesamten Reise. Am liebsten wäre ich viel länger an diesem Kraftort geblieben.

Es gäbe noch so viel von dieser Fahrradtour zu erzählen! Viel zu schnell kamen wir in der uralten Drei-Flüsse-Stadt Passau an. Auf einer Brücke über den Inn begrüßte uns ihr Panorama bei herrlichem Wetter und die Sonne ließ die Farben hell aufleuchten. An diesem Endpunkt unserer Reise, nur wenige hundert Meter vor dem Ziel, verfuhr ich mich prompt zum ersten Mal. Kameramann Jürgen radelte stoisch hinter mir her. Immer tiefer gerieten wir ins Gewirr der verwinkelten Gassen der Passauer Altstadt. Kurz verlor ich die Orientierung: Wo war ich gerade hergekommen? Da vorn lieber links oder rechts halten? Nur eines wusste ich: Unser Ziel war das Wahrzeichen Passaus, der mittelalterliche Schaiblingsturm direkt am Inn. Und wenn ich zum Fluss wollte, musste ich mich bergab orientieren. Immer enger wurden die Gässchen und immer steiler führten sie hinab. Nur noch in Schrittgeschwindigkeit hoppelte ich über das Kopfsteinpflaster. Schließlich musste ich sogar absteigen und das schwere Fahrrad einige Treppen hinunterschleppen. Ich bin fast zusammengebrochen, aber der arme Jürgen mit der schweren Kamera musste noch mehr ackern. Er trieb zur Eile an, denn am Turm wartete auf uns der Rest des Teams, das in der Zwischenzeit das Treiben auf dem Marktplatz gefilmt hatte. Endlich tat sich im Gassengewirr ein kleiner Durchgang auf. Die Mauern öffneten sich und weiter unten glitzerte verheißungsvoll der Fluss – hoffentlich der richtige! Nur noch eine letzte steile Treppe mit schwer beladenem Fahrrad … Also, diese letzten Meter des Tauernradweges mussten wir uns echt erkämpfen!

Unten am Inn war der Turm schon in Sicht, wir wählten den direkten Weg am sandigen Flussufer entlang. Auch dies war mit den Fahrrädern nicht so einfach. Wir mussten sogar noch einen Zahn zulegen, denn die Abmoderation sollte am Fuße des Schaiblingsturms stattfinden. Turm und Inn malerisch im Hintergrund, Licht von der Seite. Jürgen sah mit dem erfahrenen Auge des Kameramannes, dass die Sonne in wenigen Minuten direkt in die Kamera scheinen würde. Also in Windeseile den Rucksack ausgepackt, den Inhalt auf einem Mäuerchen aufgebaut und fix noch mal die kleinen Erinnerungen an die Stationen der Tour vorgestellt. Es wird am Ende unserer Reisen immer heiß diskutiert, ob es ein schwelgerisches Fazit wird oder ob die Abmoderation eher kurz und knapp ausfallen soll. Dieses Mal war die Sache klar: Die Zusammenfassung erledigte ich im Schnelldurchlauf, zack, zack, mit dem letzten Wort kam die Sonne um die Ecke und das grelle Gegenlicht machte aus Turm, Tamina und Mäuerchen einen Schattenriss. Gerade noch geschafft!

***

Was ist mir von dieser Reise am stärksten in Erinnerung geblieben? Der Irrlauf durch Passau ist ein heißer Kandidat für diesen Ehrenplatz. Doch die Wahl fällt ganz klar auf die ersten Tage im durchgehenden Regen. Von morgens bis abends in triefend nassem Zeug unterwegs, die Überwindung, aus dem feuchtwarmen Auto auszusteigen, abends im Hotel das Aufhängen der tropfenden Kleidung an der Heizung. Genau diese Widrigkeiten haben das Erlebte umso stärker ins Gedächtnis eingebrannt. Die Krimmler Wasserfälle hatten eine Wucht und Magie, die sie bei schönstem Wetter nicht gehabt hätten. Ich weiß das, denn ein Jahr später, im Sommer 2020, waren wir bei strahlendem Sonnenschein noch einmal dort; dieses Mal auf unserer Zillertal-Reise. Und den Kaiserschmarrn habe ich heute noch auf der Zunge. Und zwar den von Zell am See.

Welche Erfahrungen prägen unser Leben? Die Amerikaner Chip und Dan Heath haben die Antwort in eine Formel gepackt: EPIC. Die vier Buchstaben stehen für die vier Eigenschaften der Momente, an die wir uns erinnern und die unser Leben mit Bedeutung füllen. E steht für *Elevation*, also für besondere Erlebnisse, die aus dem Alltag herausragen. P ist *Pride*, der Stolz auf etwas, was man sich gar nicht zugetraut hat oder was Überwindung gekostet hat. Dann kommt das I: *Insight* bezeichnet die Aha-Momente im Leben, in denen man sich sagt: So habe ich das ja noch nie gesehen! Das C von *Connection* macht die EPIC-Formel komplett. Auch dieser letzte Buchstabe leuchtet ein, denn alles, was wir gemeinsam erleben, besitzt eine besondere Kraft. Ich finde, diese vier Merkmale beschreiben sehr gut, welche Momente des Tauernradwegs für mich von besonderer Bedeutung geblieben sind.

Ich mache jetzt mal eine weitere EPIC-Probe: Wie war das auf den Äußeren Hebriden? Welche Bilder tauchen sofort in meinen Erinnerungen auf, wenn ich an diese raue Landschaft denke? Ich sehe natürlich sofort die Harris-Tweed-Weberin Joanna vor mir. Aber auch Fish and Chips in einem Aquarium. Haggis, der so aussieht wie eine Portion Sheba, aber nicht so schmeckt. Und ein kleines Mobile Home am Ende der Welt.

***

Die Dreharbeiten in Schottland sind megaanstrengend. Das liegt an dem ungewöhnlich vollen Drehplan und an den kleinen Sträßchen, auf denen wir kaum vorankommen. Schnell ist klar, dass wir uns aufteilen müssen, um alle Vorhaben zu schaffen. Einer der Programmpunkte ist die Übernachtung in einem Mobile Home, das ist eine Kreuzung aus Wohnwagen und Tiny House. Das Thema »weniger ist mehr« liegt ja im Trend, deshalb wollen wir uns umschauen: Wie lebt es sich in einem Mobile Home? Wir beschließen, dass die Maskenbildnerin Marie Ostwald und ich das Mobile Home auf eigene Faust erkunden und Bilder von unserer Übernachtung mit dem Handy aufnehmen, während die anderen an anderer Stelle Landschaftsaufnahmen machen. Am nächsten Mittag wollen wir wieder zusammentreffen. Der Arbeitstag war lang, nach zwölf Stunden auf Achse würde ich lieber gleich in ein Hotel fahren und abschalten. Doch mit dem neuen Plan haben Marie und ich noch zwei Stunden Fahrt vor uns. Eigentlich sind wir viel zu erschöpft, um diese Extratour auf uns zu nehmen, aber wir haben auch Lust aufs Abenteuer. Mit der falschen Begleitung würde so ein Trip schnell zu einem totalen Nerv werden. Doch mit Marie bin ich zu allem bereit, sie ist der gute Geist des Teams. Mir die Nase zu pudern ist nur ein kleiner Teil ihres Jobs, sie packt überall dort mit an, wo eine helfende Hand gebraucht wird.

Wir setzen uns ins Auto, Marie dirigiert mich durch die anbrechende Nacht. Wenn wir unser Ziel erreichen, wird niemand mehr dort sein, um uns zu empfangen. Deshalb haben wir einen Zahlencode für die Eingangstür des reservierten Mobile Home bekommen. Ich sehe uns schon im Auto übernachten, weil wir die falsche Zahlenkombination haben. Das wäre keine Katastrophe, doch wenn man schon etwas angeschlagen und müde ist, kann man mit Unwägbarkeiten nicht so gut umgehen. Kinder werden in solchen Situationen quengelig. Bei mir sendet das Kopfkino: verloren mitten im Nirgendwo … keine Dusche … eine unruhige Nacht auf einem Vordersitz … mit dicken Augenringen am nächsten Tag vor die Kamera … Ach was! Auf geht's! Wir kurven durch einsamste

Gegenden, kein Auto kommt uns entgegen, keines überholt uns. Nur ein paar Schafe stehen hier und da in den Nebelschwaden geistergleich am Straßenrand, wegen ihrer dicken Wolle eher breit als hoch. Ist das nur die Müdigkeit, dass Zeit und Raum verschwimmen? Ich komme mir vor wie in einer Zeitschleife. Sind wir an dieser Schafgruppe nicht schon mal vorbeigefahren? Der Wind wird stärker, Windböen schütteln das Auto durch. Marie bleibt ruhig, sagt mir die Richtung an: jetzt links, weiter geradeaus, da vorne noch mal links … Dann kommt der Hunger. Stimmt, wir haben ja noch nichts gegessen! Ein leerer Magen führt direkt hinein in die schlechte Laune, also sollten wir schnell was finden. Die Chancen scheinen nicht gut zu stehen, hier am Ende der Welt ein Restaurant zu finden. Doch Maries Handy zeigt in einem Dorf, das auf unserem Weg liegt, ein Icon mit gekreuztem Besteck an. Das Dorf besteht nur aus ein paar Häusern entlang der Straße. Und hier soll es etwas zu essen geben? Tatsächlich! Bei einem der Häuser nimmt ein großes Fenster fast die gesamte Vorderseite ein, gnadenloses, bläuliches Neonlicht fällt auf die Straße. Eine Fish-and-Chips-Bude! Nicht sehr vielversprechend, aber der Hunger wird's schon reinzwingen. Hinter der Theke stehen zwei Männer mit lustigen Einmalhauben über den Haaren an der großen Fritteuse – in Schottland wird alles frittiert, was nicht bei drei auf dem Baum ist. Wir bestellen Fish und Chips, also frittierten Fisch und frittierte Pommes, und klettern auf zwei der hohen Hocker am Fenster. Der eine Koch will noch etwas von uns wissen, aber seine Konsonanten rollen so hart und sperrig herum, dass wir nicht verstehen, was er meint. Achselzuckend weist er auf die beiden riesigen Ketchup- und Mayonnaise-Tanks, die vorne auf der Theke stehen. Wir schauen uns um, der Raum hat den Gemütlichkeitsfaktor eines leeren Aquariums. Hier ist nichts, was einen ablenkt, keine Bilder, keine Deko. Da kommt dampfend unser Essen. Wir greifen zum Plastikbesteck. Der erste Bissen – köstlich! Der Fisch ist so frisch wie gerade aus dem Wasser gezogen, die Pommes kross und genau richtig gebräunt, es schmeckt einfach fantastisch. Während draußen der schneidende Wind durch die Straße fegt, genießen wir unser Essen in vollen Zügen. Es ist einer dieser Schottland-Momente: Meine Erwartungen liegen auf einer Skala von eins bis zehn bei zwei oder drei, und dann werde ich mit einer Elf reich beschenkt.

Genau so war auch mein Haggis-Erlebnis ein paar Tage zuvor. Ich sollte das Nationalgericht der Schotten probieren. Die Rezeptur lässt einen kurz erschauern: Herz, Lunge und andere Innereien vom Schaf werden kleingeschnitten, mit Hafermehl vermischt, gewürzt, in einen Schafsmagen gestopft und gekocht. Einen Batzen Nierenfett nicht zu vergessen. Mein Begleiter an diesem Tag hatte seine Freude, mir das alles ausführlich und mit großer Detailtreue zu berichten. Aber ich wollte das eigentlich gar nicht so genau wissen. Von Fotos her wusste ich, dass Haggis aussehen kann, als wäre es schon mal gegessen worden. Ich nippte an der fiesen Brause, die schon auf dem Tisch stand. Etwas anderes hatte ich nicht zur Stärkung, um mich gleich durch etwas fettig Knorpeliges zu kämpfen. Da wurde auch schon der Haggis an unseren Tisch gebracht. Zu meiner großen Überraschung kam die Pastete aus Innereien appetitlich angerichtet in einem rechteckigen Förmchen, geschichtet mit Graupen, obendrauf ein Petersilienblättchen. Zaghaft probierte ich, es ist total lecker! Sehr würzig, mit einer gewissen Schärfe. Ein echtes Highlight.

Zurück ins Aquarium. Gestärkt an Leib und Seele bedanken wir uns für das tolle Essen und fahren weiter. Die Stimmung ist ambivalent: Wir sind übermüdet und hellwach; wir haben alles im Griff und gleichzeitig keine Ahnung. Im Radio spielt ein Lokalsender Musik aus den Achtzigern, wir drehen die Lautstärke auf und singen lauthals mit – mit Marie geht das. Es ist elf Uhr nachts, am

Himmel glimmt noch das Restlicht des Tages, als wir endlich den Platz über der Bucht entdecken, auf dem zwei, drei Mobile Homes stehen. Alles ist wie ausgestorben, die Fenster sind dunkel. Wir suchen nach der richtigen Hausnummer. Ah, dieses hier ist unseres. Ein kleines Treppchen führt hinauf zur Tür. Nun kommt das große Zittern: Wenn das mit dem Türcode nicht klappt, wird unser Auto unser Mobile Home sein. Wir halten den Atem an, als Marie die Zahlenkombination eintippt: dütt … dütt … dütt … dütt … …… piiiiiiiep. Jaaa! Die Tür geht auf, es fühlt sich an wie Weihnachten. Am Ende dieses langen Tages haben wir nun ein Dach über dem Kopf, wie herrlich! In einem edlen Sterne-Hotel wäre die Freude darüber nicht halb so groß.

Wir stehen in einem gemütlichen Wohnküchenraum, von dem aus zwei winzig kleine Schlafzimmer mit je einem noch winzigeren Bad abgehen. Alles sieht so einladend aus! Die Betten sind kuschelig, auf dem Boden liegt ein Flausch-Teppich. Es gibt Strom und fließendes Wasser, ein kleiner Ofen wartet darauf, angezündet zu werden. Sogar eine French Press entdecke ich in der Küche! Ein guter Kaffee am nächsten Morgen ist damit schon mal gesichert. Wir fühlen uns in diesem Mobile Home sofort zu Hause. Alles, was man braucht, ist da. Wir sind ganz begeistert. Überall erfreuen kleine Details das Herz. Erstaunlich, was man so alles unterkriegt auf knapp fünfundzwanzig Quadratmetern! Aber eigentlich muss man den Küstenstreifen und das Meer dazuzählen. Würden die Caravans wie die Spargel nebeneinander stehen, wäre der Zauber dahin. Obwohl wir so müde sind, zieht es uns noch nicht ins Bett. Es ist einfach zu schön, hier in diesem gemütlich erleuchteten Nest zu sitzen und aus dem Fenster ins schottische Dunkel zu schauen. Marie und ich haben uns noch viel zu erzählen, bevor wir in die kuscheligen Decken und in den wohlverdienten Schlaf fallen.

***

Und? Waren die Erlebnisse in Schottland »episch«? Klar! Der Mini-Trip zum Mobile Home ist ein Kronzeuge dafür, dass die EPIC-Formel stimmt. Er war *herausragend*, denn mein berufliches Reisen findet immer in größeren Teams statt. Dass sich die Gruppe aufteilt, kommt öfter vor, doch eine Exkursion zu zweit hatte es so noch nicht gegeben. Auch die *Verbindung* mit einem anderen Menschen ist abgehakt – unvergesslich, wie Marie und ich lauthals Whitney Houstons »*I wanna dance with somebody*« mitsangen, während draußen die steinige Mondlandschaft an uns vorbeizog. *Stolz* war ich auch, denn wir haben uns souverän in einer ganz unbekannten Situation behauptet und eine Irgendwie-kommen-wir-da-zusammen-schon-durch-Haltung bewiesen. Und der *Aha-Moment* kommt jetzt: Warum erzähle ich eigentlich so viel von der Schottlandreise? Würde ich einen Familienurlaub planen, befände sich diese Region bestimmt nicht unter meinen Top Ten. Wie gesagt: Am liebsten sind mir wärmere Gefilde. Sogar die zehrende, waschküchenartige Gewächshaus-Atmosphäre auf den Seychellen oder in Sri Lanka würde ich dem nasskalten Wetter vorziehen. Schottland ist mir einfach insgesamt zehn, fünfzehn Grad zu kalt. Hier fügen sich die Dinge nicht lieblich ineinander, hier pilchert nichts vor sich hin. Die Reise nach Schottland war für mich anstrengend, herausfordernd, kostete mich in manchen Momenten Überwindung. Und doch – oder besser gesagt: gerade deshalb – ist sie eine der Reisen, die am nachhaltigsten in mir nachklingen.

***

Der Killer der EPIC-Momente ist die »Kenn ich schon!«-Haltung. Mit ihr kann man wirklich gleich zu Hause bleiben. Wie eine undurchdringliche Außenhaut verhindert sie, dass Eindrücke überhaupt aufgenommen werden. Sich ins Erleben stürzen und sich für etwas begeistern – das muss man wollen. Ich kenne das aus meiner Kindheit. Als Kind probiert man ja noch die Gefühlsskala durch. Da konnte es passieren, dass ich »das große Bäh« hatte: Alles ist doof, es gibt nichts auf der Welt, worauf ich mich freuen kann. Kinder halten so eine miese Stimmung nicht lange durch, dafür ist das Leben viel zu spannend. Aber manche Erwachsene beißen sich an ihren negativen Emotionen geradezu fest. So schaffen sie es, gefühlsblind in eine spannende Stadt hineinzuschlappen und nichts Besonderes dabei zu empfinden. Wenn einer in der Eifel sagt: »Wie öde hier!«, dann wird das für ihn wohl auch in Südafrika oder auf den Malediven nicht besser.

Ich habe das Glück, dass fast alle Rückmeldungen, die der Sender zu meinen Wunderschön!-Reisen bekommt, sehr wertschätzend ausfallen. Nur selten gibt es einen negativen Kommentar. An einen kann ich mich gut erinnern. Da hatte es den Absender genervt, dass ich selbst aus Banalitäten eine Sensation machen würde. Der Tenor lautete: Mein Gott, kann Frau Kallert denn nicht mal einen Kaffee trinken, ohne gleich vor Freude zu jauchzen? Auch das ist die »Kenn ich schon«-Überzeugung: »Kaffee trinken? Hab ich schon mal gemacht. Muss man mir nicht zeigen.« Es wäre leicht gewesen, die Kritik beiseite zu wischen, denn dass auch ein Kaffee etwas Wunderbares sein kann, das Aufmerksamkeit verdient, steht für mich außer Frage. Ich will allerdings auch gerne zugeben, dass diese Zuschrift bei mir schmerzlich ins Schwarze getroffen hat. Als Reisemoderatorin schaffe ich durch meine Erlebnisse und meine Reaktionen darauf eine Verbindung zu den Zuschauern und ermögliche es ihnen so, die Reisen mitzuerleben. Dabei zu viel Emotion zu zeigen, kann eine echte Berufskrankheit sein. Für den Zuschauer ist das so nervig wie ein Film, der durchgehend mit emotionaler oder dräuender Musik unterlegt wird, damit er auch ja mitbekommt, was er gerade zu fühlen hat.

Neulich sagte mir meine Redakteurin Christiane Möllers: »Tamina, gönn es dir doch, auch mal sprachlos zu sein!« Ich weiß sehr gut, dass unfassbar schöne Momente auch dann stark sein können, wenn ich sie nicht mit »Ahs« und »Ohs« garniere. Voller Bewunderung denke ich da an einen bestimmten Kollegen: Er schafft es, eine Situation gefühlte Ewigkeiten für sich wirken zu lassen, Erwartungsdruck scheint er nicht zu kennen, genüsslich zelebriert er die längsten Pausen. Im Fernsehen ist er sehr präsent, man kennt ihn aus Talkshows, als Moderator und als Entertainer, ich habe ihn auch schon bei einigen Veranstaltungen getroffen. Erraten Sie, wen ich meine? Es ist Jürgen von der Lippe. Der Effekt seiner Gemächlichkeit ist nicht, dass die Zuschauer sich abwenden, ganz im Gegenteil: Unwillkürlich lehnt man sich ein Stück vor, um ja nichts zu verpassen. Wow! Was für ein Selbstbewusstsein! Und was für eine Begabung, auch mal Druck rauszulassen!

Mein Naturell, jeden Raum zu füllen, ist tief in mir verankert. Ich würde gerne mehr Übung darin haben, dieses Talent bewusster zu nutzen und auch einfach mal einen Schritt beiseitetreten zu können. Aber das klappt noch nicht so gut. Für mich fühlen sich meine Pausen oft wie Versagen an. Da ist zweifellos noch Luft nach oben.

Eine andere Kritik würde dagegen ins Leere gehen: Dass ich mit Vorsatz übertreibe. Es ist gleich, ob es die Krimmler Wasserfälle sind oder »nur« ein Milchkaffee – ich genieße, was die Welt für mich bereithält, und teile diesen Genuss. Wenn man viel unterwegs ist, trifft man natürlich immer wieder auf Situationen, die man ähnlich bereits erlebt hat. Doch für mich gibt es da kaum eine Abnutzung. Ich habe in Italien schon oft einen Cappuccino getrunken und in Portugal einen Galão. Trotzdem muss ich nicht so tun, als ob ein Kaffee auf den Azoren ein echter Glücksmoment sei. Er *ist* es.

***

Leise und vorsichtig nähern wir uns dem Schober, der mitten in den saftigen Almwiesen nahe der Baumgrenze steht. Die würzige, klare Bergluft lässt meine Haut prickeln. Es ist früher Abend, die Schatten sind lang. Wir sind voller Erwartung: Haben wir Glück? Werden wir sie sehen? Vorsichtig nähern wir uns der kleinen Holzhütte, die uns die Sicht versperrt, schauen um ihre Ecke: Tatsächlich! Da stehen sie!

Zwanzig Minuten zuvor hatten wir auf der Zillertaler Kreuzjochhütte gemütlich den Abend genießen wollen. Bewirtschaftet wird sie von mehreren Generationen der Familie Huber. Eine der Töchter hatte mir das Haus mit seinen urgemütlichen, holzgetäfelten Gästezimmern gezeigt, der Vater mich zu den Kühen und Schweinen mitgenommen. Später war noch die Tante mit ihrer Musikgruppe hierhergekommen, um auf der großen Terrasse zu musizieren. So hatten wir fast die gesamte Großfamilie kennengelernt. Nach den vielen Eindrücken des Tages waren wir ganz ermattet. Das gemeinsam genossene Melchermuas, eine sehr sättigende Speise aus Mehl, Milch, Butter und Salz, gekrönt von einem Schlag Preiselbeeren, tat das seinige zur wohlig-müden Stimmung dazu. Da erzählte uns der Schwiegersohn, dass den Sommer über eine Herde Haflinger auf dieser Alm frei unterwegs sei. Im Winter leben sie unten im Tal im Stall, sind also an Menschen gewöhnt. Doch hier oben, in der weiten, offenen Almlandschaft, sind sie auf sich allein gestellt. Die Aussicht darauf, diese halbwilden Pferde zu sehen, elektrisierte mich geradezu. Alle Müdigkeit war wie weggepustet. Der Schwiegersohn meinte, er könne uns im Jeep an die

Stelle bringen, wo er die Pferde zu dieser Tageszeit vermutete. Der Autor der Sendung, Andreas Schlosser, und ich nahmen sein Angebot spontan an. Ich hatte mein Handy, Andreas nahm seine kleine Drohne mit.

Warum haben wir uns noch einmal aufgerafft? Es sind doch nur Pferde! Tausendmal gesehen. Und doch stehen wir jetzt im Schutz des Schobers und sehen etwa zwanzig Meter entfernt eine kleine Herde aus zehn, zwölf Haflingern friedlich grasen. Sie haben uns sofort entdeckt und beäugen uns aufmerksam. Die Sonne steht tief, die Schatten sind lang und die hellen Mähnen leuchten im goldenen Abendlicht. Ich kann nicht an mich halten und gehe langsam auf die Pferde zu. Zu meiner Überraschung bleiben sie stehen. Sie wackeln etwas unruhig mit ihren Ohren und beobachten mich. Schritt für Schritt tauche ich ein in ihren Kreis, sehr vorsichtig, und bin nun mitten zwischen ihnen. Nur das Mahlen ihrer Zähne und ihr leises Schnauben ist zu hören. Ich empfinde es als ein großes Privileg: Nichts und niemand hindert sie am Weglaufen, und doch bleiben sie und ich darf für einige Minuten ein Teil ihrer freien, wilden Welt sein. Langsam bewege ich mich von Pferd zu Pferd. Plötzlich werden sie unruhig, sie reißen die Köpfe hoch, laufen los, werden immer schneller. Wie ein gold-silberner Fischschwarm gleiten sie im Galopp über eine Kuppe und sind verschwunden. Bevor ich mich aus meiner Verzauberung lösen kann, kommen sie auch schon wieder zurück. Bestimmt liegt das am Schwiegersohn, der das Auto etwas weiter weg abgestellt hat und nun in unsere Richtung kommt. Sie kennen ihn und wollen wohl schauen, ob er ihnen etwas mitgebracht hat. Was für ein prächtiger Anblick, wie sie auf uns zu preschen! Nun steht die Herde wieder ganz nah bei uns, einige Pferde wälzen sich vor lauter Lebensfreude auf der Wiese, andere halten ihre Köpfe zusammen. Eines kommt auf mich zu, mit bebenden Flanken und noch ganz erhitzt vom wilden Lauf stellt es sich ganz nah neben mich, schnuppert an meiner Hand. Ich bin in tiefster Seele berührt. Es hat sich für mich entschieden! Ich streichle über sein weiches Maul und kann gar nicht anders, als ihm ein Küsschen auf die Nüstern zu geben. Als es mich leise anpustet, ist mein Glück vollkommen.

ZÄNG!

In drei Worten kann ich alles zusammenfassen,
was ich über das Leben gelernt habe: Es geht weiter.

Robert Frost

»Sei mutig und zeige, wer du bist und was in dir steckt!« – nach diesem Motto leben die Menschen auf Ibiza. Dass es hier unangepasster, chaotischer, aber auch kreativer zugeht als auf der großen Schwesterinsel Mallorca, liegt wohl vor allem an der Eigenwilligkeit der Lebenskünstler aus aller Welt, die hier ihre Wahlheimat gefunden haben. Im Mix mit der unerschütterlichen Seelenruhe der hier Geborenen, der Ibicencos, entsteht die ganz besondere Leichtigkeit des Lebens, für die Ibiza berühmt ist: Zwänge und äußere Erwartungen sind außer Kraft gesetzt, jeder darf so sein, wie er es mag. Niemand wird über ihn urteilen oder ihn gar abqualifizieren. Auch ich bin von dem Lebensgefühl auf dieser Baleareninsel in den Bann gezogen. An vielen Orten ist die spirituelle Energie der Hippiekultur, die hier vor vielen Jahren ihre Blüte erlebte, noch spürbar. Ich erlebe aber auch, dass die Flip-Flop-Lässigkeit mit Schaffenskraft und Beharrlichkeit Hand in Hand geht – reines Abhängen ist nur für die Wenigsten ein Thema. Mit großem Einfallsreichtum findet hier jeder ein Auskommen. In den Geschäften und auf den Märkten findet man viel Handwerkliches: Schmuck aus Naturmaterialien wie Muscheln und Samen, Möbel aus Treibholz sowie die berühmte Ibiza-Mode mit handgefertigten Unikaten aus weich fallenden Stoffen sind nur einige Beispiele.

Auch Alexander von Eisenhart-Rothe, ein ehemaliger Kölner Arbeitskollege, hat sich auf Ibiza selbstständig gemacht. Vor einigen Jahren hatte er dem ewigen Zeitdruck in den Redaktionen den Rücken gekehrt und ist nun nicht mehr als Autor und Producer tätig, sondern verdient zusammen mit seiner Frau Luna den Lebensunterhalt mit der Herstellung von Gin. Das klingt so locker-leicht, so mancher mag vor Augen haben, wie Alexander nachmittags nach dem Strandbesuch mal eben in den Keller geht, um den Destillationsapparat anzuschmeißen. In der Realität ist die Sache aber eine absolut schweißtreibende Angelegenheit.

Alexander und ich laufen in sengender Sonne über kargen Boden und pflücken per Hand Wacholderbeeren in unsere Körbchen. Diese halbe Stunde Beerensammeln ist nett und lustig, aber es wird klar: Müsste ich einen ganzen Tag lang die Beeren vom stachligen Strauch pflücken, wäre das so anstrengend und eintönig, dass ich es kaum aushalten würde. Es dauert ewig, bis so ein Körbchen voll ist. Eine zweite Grundzutat für Alexanders Gin sind Kaktusfeigen. Die kleinen, rötlichen Früchte sitzen am oberen Ende der scheibenförmigen Kaktussegmente. Bevor sie seinem mehrfach preisgekrönten Gin die besondere Note geben können, müssen auch sie geerntet werden. Das ist nicht nur mühselig, sondern auch schmerzhaft. Egal, wie vorsichtig man ist, die feinen, mit Widerhaken bewehrten Kaktusstacheln finden jede Lücke zwischen Ärmel und Handschuh und bohren sich in die Haut. Versucht man, sie mit einer Pinzette herauszuziehen, brechen sie ab und jucken ganz fürchterlich. Wenn die Zutaten endlich bereitstehen, braucht es noch jede Menge weitere Arbeit, bis der Gin endlich verkaufsbereit in der Flasche ist.

Wer Alexander heute besucht, bewundert seine schöne Finca und beneidet ihn vielleicht um sein Aussteigerleben auf Ibiza. Man vergisst gerne, dass der Wechsel von einem sehr anstrengenden, aber auch einträglichen Beruf in Deutschland zur Gin-Produktion auf Ibiza ein Risiko war. Niemand konnte vorhersehen, ob es klappt. Mit viel Idealismus und Mut hat er einfach losgelegt. »Es war und ist immer noch viel mehr Arbeit, als ich gedacht hatte«, sagt Alexander. Dass er durchgehalten hat, liegt auch an der Insel. Die Menschen lassen sich hier nieder, weil es hier eine Kultur der Toleranz gibt, wie sie nur selten auf der Welt zu finden ist. Sie entscheiden sich bewusst für diese Insel und tun viel, um hier bleiben zu können. Ich denke, dies ist das Geheimnis der Einwohner Ibizas: Sie schaffen das Kunststück, lässig, kreativ und tatkräftig zugleich zu sein. Sie führen ein sehr individuelles Leben, ohne dabei nur auf sich fixiert zu sein. Weil sie viel Wert auf ein respektvolles, wertschätzendes Miteinander legen, sind alle irgendwie mittendrin statt nur dabei.

***

Die zweitgrößte Stadt Ibizas heißt Santa Eularia. Sie hat neben vielen Restaurants, Boutiquen und Kunstgalerien etwas zu bieten, das besonders gut zu dem berühmten Ibiza-*Spirit* passt und mich sehr beeindruckt hat: einen behindertengerechten Strand. Natürlich sorgen auch viele andere Orte der Welt mittlerweile für einen barrierefreien Zugang zu Strand und Meer. Doch hier in Santa Eularia werden Menschen, die nicht so gut zu Fuß oder sogar auf einen Rollstuhl angewiesen sind, ganz besonders unterstützt. Schon die glatt gepflasterte Strandpromenade der Stadt ist sehr gut für Menschen mit Behinderung geeignet. Der durch ein Mäuerchen abgetrennte Strand liegt ein wenig unterhalb der Straßenebene, neben einigen der steilen Treppchen führen auch Rampen hinab. Ein über den Sand gelegter Holzsteg verbindet eines der Rampenenden mit einem extra großen Umkleidehäuschen. Braucht jemand mit Handicap auf dem Weg dorthin Hilfe, eilen sofort Lifeguards herbei. Ich stehe oben an der Promenade und sehe zu, wie zwei von ihnen gerade einem Rollstuhlfahrer ins Umkleidehäuschen helfen. An ihrer Körperhaltung sehe ich, dass sie diese Aufgabe wertschätzend und mit heiligem Ernst erfüllen. Einer von ihnen begleitet den Mann ins Häuschen, wo er ihm beim Umziehen hilft. Dann tragen die beiden Lifeguards ihren Gast zu einem schwimmfähigen Rollstuhl, dessen extra-breite Ballonräder erst durch den weichen Sand pflügen und dann auf den Meereswellen schwimmen. Badegast und Rettungsschwimmer schaukeln nun in den Wellen. Ich stehe recht weit weg, trotzdem kann ich gut erkennen, was das für ein Glücksmoment ist.

In der WDR-Redaktion bekommen wir auch Zuschriften von Zuschauern, die nicht so gut zu Fuß unterwegs oder auf andere Weise gehandicapt sind, in denen sie nach für sie geeigneten Reisezielen fragen. Lange Jahre haben wir uns immer wieder gesagt: Ja, das sollten wir im Auge behalten, und ab und zu haben wir für diese Zuschauergruppe interessante Themen mit ins Programm genommen. Aus heutiger Sicht sind wir wohl zu selten auf Menschen mit Behinderung eingegangen. Das ändert sich gerade. Auch das Thema Nachhaltigkeit ist am Start. Niemand kann mehr so tun, als ginge ihn die globale Entwicklung nichts an.

Ich muss zugeben, dass es auch für mich persönlich ein gewisser Weg war, bis ich für diese Themen hellhörig geworden bin. Am Strand von Santa Eularia habe ich viel gelernt. Erst hier ist mir wirklich bewusst geworden, dass Sand und Kies unüberwindbare Hindernisse sein können – über Vieles denkt man ja erst nach, wenn man mit der Nase darauf gestoßen wird und der Geist gerade einen offenen Moment hat. Ich habe auch gesehen, dass es eigentlich gar nicht so viel Aufwand bedeutet, Menschen mit Handicap Teilhabe zu ermöglichen. Außerdem ging an diesem Strand ein Vorurteil baden, von dem ich gar nicht gewusst hatte, dass ich es habe. Dem Klischee nach zeigen Rettungsschwimmer ihre durchtrainierten Körper und schauen mitleidig auf das weniger sportliche Normalvolk mit ein paar Kilo zu viel auf den Hüften. Doch die Lifeguards von Santa Eularia sind nicht nur in den Meeresfluten Retter in der Not, sondern auch am Strand. Ich kenne wenige Orte, wo das Miteinander auf eine selbstverständlichere Weise gelebt wird. Das ist *Vamos a la Playa* auf Ibiza-Art. Diese unvoreingenommene Leben-und-leben-lassen-Haltung hat mir so gut gefallen, dass ich ein Jahr später privat mit meiner Familie auf Ibiza Urlaub gemacht habe. Es lag mir am Herzen, meinem Sohn und meiner Tochter auch den Strand von Santa Eularia zu zeigen. So wie alle Kinder waren sie sehr aufnahmebereit für das Thema, wie Menschen mit Handicap in einer Gesellschaft behandelt werden. Ganz bewusst und mit vielen Fragen liefen wir den Weg von der Promenade über Rampe und Holzsteg zum Wasser hinab und bewunderten die schwimmfähigen Spezial-Rollstühle. Es machte mich stolz und glücklich, dass so für sie ein weiterer kleiner Mosaikstein an seinen Platz zu einem Weltbild rückte, in dem niemand abgestempelt werden oder gar ausgeschlossen sein soll.

Der Zauber Ibizas hat sich vor Jahren noch auf eine andere Weise gezeigt: Dort fragte mich Nik, ob ich ihn heiraten will. Von ganzem Herzen habe ich Ja gesagt.

***

Überall auf meinen Reisen begegne ich Menschen, die stolz darauf sind, füreinander da zu sein und gemeinsam Ziele zu erreichen.

Bei unseren Aufnahmen zur Sendung über die Nordeifel ergab sich auf einem der vielen Wanderwege eine außergewöhnliche Zufallsbegegnung. Auf einem steilen, mit vielen großen Steinen durchsetzten Wildnis-Trail kam uns bergauf und im Laufschritt eine Gruppe junger Männer entgegen. Kaum in Sicht gekommen, waren sie auch schon an uns vorbeigerannt und um die nächste Wegbiegung verschwunden. Ich rief noch: »Wow! Habt Ihr die gesehen?« Die anderen waren auch geflasht. Was war das denn? Erst im Nachhinein realisierten wir, dass drei der Männer den Vierten in einem einrädrigen Zwischending zwischen Rollstuhl und Sänfte über Stock und Stein getragen, gezogen und geschoben hatten. Die Autorin der Sendung rannte noch schnell der Gruppe hinterher und verabredete mit ihnen ein späteres Treffen. Über diese Menschen und ihre Geschichte wollten wir mehr wissen! So erfuhren wir, dass die Gruppe aus Chile angereist war und der Mann im Rollstuhl Marke Eigenbau Alvaro Silverstein hieß. Als Mitbegründer des gemeinnützigen Vereins *Wheel the World* betreibt er eine Internetseite, auf der Unterkünfte, Touren und Aktivitäten unterschiedlicher Schwierigkeitsstufen vorgestellt werden, die mit Rollstuhl zu bewältigen sind. Überall auf der Welt zeigen sie, dass Menschen mit Handicap mit der notwendigen Unterstützung auch anspruchsvolle Routen meistern können.

Dieses Zusammentreffen war ein merkwürdiger Zufall, denn auf unserer Eifel-Tour sind wir auch mit dem fast blinden Mustafa Ilhan verabredet. Wir treffen uns auf dem Bergrücken namens Kermeter, der sich dort erhebt, wo die Urft in den Rursee fließt. Mustafa hat als Berater beim Ausbau des über sechs Kilometer langen, barrierefreien Wanderweges »Wilder Kermeter« mitgewirkt und wird mir zeigen, was alles bei der Konzeption berücksichtigt wurde. Bei der Begegnung mit ihm bin ich etwas befangen. Es ist immer dieselbe Frage: Wie verhalte ich mich gegenüber einer Person mit Handicap?

Meine Unsicherheit ist mal wieder völlig unbegründet, der lebensfrohe junge Mann ist total unkompliziert. Er hat seinen Blindenführhund Percy dabei, einen langen Stock, mit dem er mit weiten Schwingbewegungen den vor ihm liegenden Weg auf Hindernisse abtastet, und eine Augenbinde. Die drückt er mir in die Hand: Ich soll sie aufsetzen, damit ich genauso wenig sehen kann wie er. Die Maske sitzt perfekt, nicht der winzigste Lichtstrahl dringt zu mir. Totale Schwärze umgibt mich. Sofort bin ich von meiner Umwelt wie abgeschnitten.

Wenn ich zu Hause im Wald spazieren gehe, schließe ich auf einem geraden Wegstück manchmal die Augen und sage mir: Die nächsten zwanzig Schritte gehe ich jetzt, ohne zu blinzeln. Ich mag dieses Topfschlagen-Gefühl, wenn sich alle anderen Sinne, die sonst vor sich hin schlummern, anspannen und man schlagartig viel deutlicher hört, fühlt und riecht. Zwanzig Meter »blind« geradeaus gehen, das ist eigentlich keine große Sache, man hat ja vorher schon genau hingeschaut, dass keine Hindernisse drohen. Es besteht auch keine Gefahr, ungebremst gegen einen Baum zu rennen. Im schlimmsten Fall würde ich merken: Oh, hier beginnt das Gebüsch. Und trotzdem – spätestens bei Schritt sieben oder acht ist die Unsicherheit so groß, dass ich die Augen fest zusammenkneifen muss, um bis zum Ende durchzuhalten. Bei meinem Spaziergang mit Mustafa sind es keine zwanzig Meter, sondern ein paar hundert, die vor mir liegen. Während ich die Augenbinde anlegte, dachte ich noch: Kein Problem, ich habe einen kompetenten Begleiter und der Weg ist eigens für Menschen eingerichtet, die wenig oder keine Sehkraft haben. Trotzdem überwältigt mich in dem Moment der kompletten Dunkelheit eine große Verunsicherung. Mustafa ist meine Rettung. Während er neben mir souverän den Weg entlangläuft, bleibt mir nichts anderes übrig, als mich bei ihm unterzuhaken und mich voll auf ihn zu verlassen. Dabei bin ich eher der Typ, der sich lieber unnötigerweise heroisch durchbeißt, statt jemanden um Hilfe zu bitten. In der ersten Kurve sind Mustafa und ich noch nicht aufeinander eingespielt. Weil ich ihm nicht zu sehr auf die Pelle rücken will, gehe ich über den Rand des Weges hinaus und wäre fast gegen den Dachüberstand einer Schutzhütte gelaufen. Mustafa zieht mich gerade noch zur Seite, sodass ich mir meinen Kopf nicht anschlage. Ohne ihn wäre ich echt verloren. Sonst führe ich die Zuschauer durch die Sendung, jetzt werde ich geführt. Dieser Rollentausch macht mir zu schaffen. An einem Aussichtspunkt darf ich zu meiner großen Erleichterung die Augenbinde wieder abnehmen. Ganz automatisch haben sich während unseres Spazierweges in meinem Kopf Bilder eingestellt, meine Fantasie ergänzte das, was meine Augen nicht sehen konnten. Ich bin total überrascht, wie sehr sich diese inneren Bilder von der Realität unterscheiden. Erstaunlich, wie fixiert wir doch aufs Sehen sind!

Die Erkenntnis vom »Wilden Kermeter«, dass so viel mehr Potenzial in uns steckt, bereichert mich. Alvaro Silverstein und seine Freunde zeigten mir, wie weit man kommt, wenn man sich auf die Möglichkeiten konzentriert und nicht auf die Defizite. Und dank Mustafa Ilhan erfuhr ich am eigenen Leib, wie schnell sich die Verhältnisse umkehren können. Von dem, der führt, zu dem, der sich führen lassen muss, kann es ein sehr kleiner Schritt sein. Dass ich diesen Rollentausch kurze Zeit später noch einmal erleben würde, dieses Mal unfreiwillig, wusste ich nicht.

***

Sommer 2020. Wieder einmal sind wir in Deutschland unterwegs. Auf dem Programm steht die Gegend rund um Düsseldorf. Da ist zum Beispiel der Baggersee in Langenfeld, auf halber Strecke in Richtung Köln, wo man auf einer wilden Wasserwalze surfen kann.

Man kennt die Bilder vom Eisbach, der durch den Münchner Englischen Garten fließt; hier in Langenfeld wird die stehende Welle allerdings nicht von einem Wildbach, sondern in einem etwa acht Meter breiten Kanal durch eine ganze Batterie an Pumpen erzeugt. Je nachdem, wie die Pumpen eingestellt sind, entsteht eine fast mannshohe, stehende Welle. Als die Anlage 2018 in Betrieb genommen wurde, war das deutschlandweit eine Premiere.

Ich stehe am Rand des Wasserkanals, in dem das Wellenmonster tobt. Wenn es darum geht, einen neuen Sport auszuprobieren, denke ich: Schaff ich, kann ich. Auf Surfbrettern und Snowboards habe ich schon oft gestanden, auch beim Kitesurfen habe ich keine ganz schlechte Figur gemacht. Doch hier muss der Körper ganz anders reagieren, um das Gleichgewicht zu halten. Ich fange also wirklich von null an. Wie soll ich mich um Himmels willen auch nur einen Wimpernschlag lang auf diesen tosenden Wassermassen halten? Mit meinen Füßen auf dem Surfbrett sitze ich am Rand des Kanals. Mein Surfcoach, der Sportwissenschaftler Hannes Schrot, hält mich ganz entspannt an Arm und Schulter fest. Gaaanz vorsichtig stelle ich mich auf, jetzt balanciere ich wacklig auf dem Brett, immer noch an den Händen des Ausbilders. »Bereit?«, fragt er. Was soll ich darauf antworten! Er lässt mich los und zack – weg bin ich. Hals über Kopf werde ich durchs Wasser gewirbelt, erst viele Meter weiter komme ich prustend und schnaufend wieder hoch. Wahnsinn, was für eine Kraft in der Welle steckt! Ich stemme mich wieder an Land, laufe zurück zum Ausgangspunkt. Eigentlich bin ich jetzt schon bedient. Mein Surflehrer sagt: »Kein Problem! Beim dritten Mal stehst du.« Oje! Das ist kein Trost, denn das heißt, dass ich mindestens noch einmal durch die Wassermühle muss. Und tatsächlich! Auch das zweite Mal fegt es mich in weniger als einer Sekunde vom Brett. Das ist nicht lustig, zum ersten Mal bekomme ich bei einer sportlichen Herausforderung ein richtig mulmiges Gefühl: »Puh, wenn das mal gut geht! Übernimm dich hier nicht!« Solche Sorgen sind für mich neu, die passen doch gar nicht zu mir! Aber ich merke, dass meine Kondition nicht so doll ist wie sonst. Die Coronaerschlaffung hat auch bei mir zugeschlagen. Beim dritten Mal kann ich schon ein wenig stehen, mir kommt es vor wie eine halbe Ewigkeit, aber es sind nur wenige Herzschläge. Platsch! Wieder im Wasser. Wie bei den ersten Stürzen werde ich mehrfach um und um gespült, bis mich die Welle wieder ausspuckte. Aber jetzt kommt die Zuversicht, das Adrenalin überwindet meine Angst. Tatsächlich schaffe ich es beim vierten Versuch, etwas länger auf dem Brett zu stehen. Würde ich jetzt noch weiter üben, könnte ich bestimmt irgendwann von einer Seite der Rinne auf die andere wechseln. Doch die Aufnahmen sind im Kasten, der nächste Programmpunkt wartet. Als ich umgezogen und wieder trocken bin, sage ich zu den Kollegen: »Man schafft mehr als man denkt.« Ganz schön forsch! Aber ich bin auch nachdenklich geworden: Nach ein paar Landungen im Wasser bin ich schon am Limit? So bleibt von diesem Vormittag ein merkwürdiger Nachgeschmack. Ich sollte nicht jede Herausforderung annehmen, denke ich. Schade, dass ich nicht auf mein Bauchgefühl gehört habe.

***

Nach einer kurzen Mittagspause geht es sportlich weiter. Ich probiere ein E-Mountainbike aus. Bergauf und -ab radeln, damit kann man mich nun wirklich nicht schrecken. Auf dem Monte Baldo am Gardasee, in Arizona, auf den Kanaren und vielen Orten mehr bin ich schon für Reisesendungen über Stock und Stein geradelt. Meist hatten meine Drehpartner erwartet, dass sie mit der Moderatorin aus Deutschland ein bisschen Show machen sollen. Aber wenn sie dann merkten, dass ich ordentlich Gas geben kann, sind sie mit mir *downhill* gebrettert, ganz nach dem Motto: Wer bremst, verliert.

Heute geht es dank des »e« im Bike etwas kräfteschonender zu. Der Plan ist, dass ich mit dem Vollblut-Mountainbiker Karsten Frantz eine Tour durch die Ausläufer des Bergischen Landes mache. An den Zusatzantrieb muss ich mich erst gewöhnen, aber dann macht es richtig Spaß. Mein Begleiter und ich legen einen Zahn zu und düsen über dicke Wurzeln ein starkes Gefälle hinunter, der Kameramann ist schon vorgefahren und filmt uns von unten entgegen. Mit elegantem Schwung will ich kurz vor der Kamera abbremsen. Keine große Sache, aber im Film wird das richtig dynamisch aussehen. Ich rattere also mit hoher Geschwindigkeit den Weg hinunter, bremse ab, lasse das Hinterrad kontrolliert nach vorne rutschen, sodass ich die letzten Meter quer zur Kamera schlittere. Dank der Energie des Motors habe ich ein bisschen mehr Schwung als geplant drauf. Ich versuche noch, das Zuviel an Impuls durch einen eleganten Abstieg vom Rad zu kompensieren – und dann passiert's: ein ganz unspektakulärer Sturz, fast aus dem Stand, aber in meinem Knie macht es »Zäng!«.

In über zwanzig Jahren ist auf all den Abenteuerreisen ganz selten etwas Dramatisches passiert. In über siebzig Ländern und Regionen der Welt habe ich die verrücktesten Dinge ausgetestet. Canyoning, Abseilen, Bergsteigen, Bungee-Jumping, Fallschirmspringen, Paragliding und vieles mehr habe ich unbeschadet überstanden. Und jetzt, im Düsseldorfer Naherholungsgebiet, steige ich etwas unglücklich vom Rad, liege im Staub und merke sofort: Da stimmt was nicht! Ab ins Krankenhaus.

***

Das stark angeschwollene Knie erlaubte keine Diagnose, also machten wir erst mal weiter. Ich hatte in den Jahren zuvor schon mit Brechdurchfall, Kopfschmerzen oder hohem Fieber vor der Kamera gestanden, nie hatte ich einen Drehtag wegen Krankheit abgesagt. Und das sollte auch so bleiben. Mit Eiswickeln und Tabletten ließen sich die Schmerzen im Knie aushalten. Ich konnte kaum stehen, jedes Hinsetzen oder Aufstehen war eine Qual. Kameramann Julian Homann verschwand plötzlich und war nach kurzer Zeit mit einem Paar Krücken wieder zurück. Roten! Passend zum Rucksack! Er hatte sie kurzerhand bei eBay ersteigert und gleich beim in der Nähe wohnenden Vorbesitzer abgeholt. So konnte ich wenigstens ein paar Schritte auf eigenen Beinen gehen. Aber das war sehr mühsam und weit kam ich nicht. Also wurde ich an den folgenden beiden Drehtagen von Autorin Karen Flunkert wie ein Paket mit dem Rollstuhl von Drehort zu Drehort geschoben. Wenn die Wege voller Schlaglöcher waren, musste ich mich krampfhaft an den Armlehnen meines Rollstuhls festhalten. Waren Bordsteine zu überwinden hatte ich manchmal richtig Angst, aus dem Sitz zu kippen. Am schlimmsten war die Erkenntnis, dass ich bei einem Sturz nicht aus eigenen Kräften wieder hätte aufstehen können. Ohne meine Kollegen war ich absolut hilflos.

Weil ich nun nahezu bewegungsunfähig war, mussten die Abläufe komplett umgestrickt werden: Ich wurde irgendwo abgesetzt – zum Beispiel auf einem Baumstamm oder einer Bank – und dann kamen meine Gesprächspartner zu mir. Dass ich nun nicht mehr selbst auf Entdeckungstour gehen konnte, war echt hart und lief gegen alle meine Instinkte. Aber anders ging es nicht. Auch mit anderen Widrigkeiten hatte ich zu kämpfen. Beim Besuch des Obstsortengartens Kloster Knechtsteden, der sich der Erhaltung von für das Rheinland typischen Apfel-, Birnen-, Kirschen- und Pflaumensorten verschrieben hat, wurde ich unter einem Apfelbaum abgestellt. Ich hatte mir einen weiten Rock angezogen, damit man die lästige Beinschiene nicht sah, die mir im Krankenhaus angepasst worden war. Das Gespräch mit dem Leiter der Biostation, der zu mir unter den Baum kam, lief ganz gut. Aber dann stand auf dem Programm, dass er uns das Pressen von Saft aus frisch geernteten Äpfeln zeigen sollte. Der süße Most lockte Wespen von nah und fern an. Sie umschwirrten uns bald in so dichten Horden, dass der Kameramann einige Male abbrechen musste, um sich in Sicherheit zu bringen. Auch der Leiter der Biostation und ich standen mitten im Getümmel. Je länger wir drehten, desto wilder wurde der Tanz. Ich hatte schwerste Bedenken, dass sich einige der immer aggressiver werdenden Wespen in ihrem Eifer unter meinen Rock verirren und zustechen könnten. Das Schreckliche war, dass ich ja nicht weglaufen konnte. Ich war dem Geschehen mit Haut und Haar ausgeliefert.

Nach zwei Tagen sollte ich noch einmal zu einem MRT-Termin ins Krankenhaus kommen. Ich sehe mich noch auf der Liege sitzen, der Arzt hat gerade mein Knie untersucht. Fröhlich-flapsig frage ich: »Und? Ist es was Schlimmes?« Und ganz trocken kommt die Antwort: »Ja.«

Es war ein Kreuzbandriss. Damit war klar: Wir dürfen nicht weitermachen und müssen den Dreh abbrechen. Die fehlenden Szenen würden wir im kommenden Jahr nachdrehen, alle meine für die folgenden Monate geplanten Sendungen wurden von Kollegen übernommen oder abgesagt. Für die Kollegen ging es mit den Folgeprojekten weiter, aber ich war aus voller Fahrt auf null abgebremst. Zu Hause im Schwarzwald konnte ich mich kaum von einem Zimmer ins andere bewegen. Später kämpfte ich mich mit Krücken über Kopfsteinpflaster und kapitulierte vor hohen Stufen und Treppen. Sich schnell mal etwas anderes anziehen – unmöglich! Etwas vom Boden aufheben – keine Chance! Die erzwungene Immobilität war für mich die ultimative Demutsübung. Man redet zwar viel über altersgerechtes Wohnen und so weiter, aber wenn man in der Mitte des Lebens steht, sind das eher Überlegungen in Futur. Auf die Idee, dass mein Körper im Präsens ganz elementare Dinge nicht schafft, war ich nie gekommen. So etwas würde mir doch nicht passieren! Dass mein Knie seinen Job nicht mehr tun wollte, empfand ich geradezu als Majestätsbeleidigung.

In Santa Eularia auf Ibiza hatte ich noch gemeint, dass ich nachfühlen kann, wie es ist im Rollstuhl zu sitzen. Jetzt lernte ich auf die harte Tour: Nein, das hatte ich eben nicht gekonnt. Wenn ich mich in jemanden mit körperlichem Handicap hineinversetze, kann ich ja ganz nach Belieben wieder zur Tagesordnung übergehen und zum Einkaufen fahren. Oder an den Kühlschrank gehen und mir ein Eis rausholen. Oder schnell mal aufs Klo. Meine Kinder würden zu diesem Sich-vorstellen-als-ob sagen: »Das gildet nicht!« Erst als ich alternativlos selbst im Rollstuhl saß, bekam ich eine Ahnung davon, was es bedeutet, lebenslang ein Handicap zu haben. Und selbst dann war es nicht dasselbe. Denn ich wusste ja, dass ich in ein paar Monaten wieder gesund sein würde. Empathisches Einfühlen ist die eine Sache, ohne Netz und doppelten Boden selbst betroffen zu sein, ist aber etwas ganz anderes.

Corona hatte uns schon ein halbes Jahr lang gebeutelt, und nun im Sommer, der gerade wieder ein wenig Normalität bot, stolperte ich mit meinem Bänderriss in meinen persönlichen Extralockdown. Nach sechs Wochen war ich schon wieder recht fit, entschied mich aber zu einer Operation. Auf eigenen Füßen ging ich ins Krankenhaus hinein, aber nachdem das Kreuzband ersetzt worden war, war es schlimmer als gleich nach dem Sturz. Zuerst war ich zu Hause ans Bett gefesselt, dann rutschte ich wochenlang auf dem Popo die Treppe im Haus herunter, quälte mich mit Aufstehen und Hinsetzen, mit Schiene und Physiotherapie. Den gesamten Herbst über bis in die Weihnachtszeit hinein kam ich mir vor wie auf dem Abstellgleis. Der Alltag war doppelt und dreifach mühselig, das Leben bestand nur noch aus Krücken und Corona. Die Kinder wuselten wie eh und je im Haus herum, Nik erzählte abends nach dem Homeoffice von seiner Arbeit, und ich hätte manchmal einfach nur heulen können. Denn wackelt das Knie, dann wackelt auch die Seele.

***

Zu Beginn des offiziellen dritten Coronalockdowns Ende 2020 war ich also schon reichlich angeschlagen. Nirgends der große Schmerz und Schrei, aber es war ein stetes Sägen an den Nerven und ein unaufhaltsames Verrinnen von Lebenskraft und Optimismus. Und wie es im Leben oft läuft, stand gleich die nächste Heimsuchung vor der Tür.

Es wurde Winter, das Leben stockte. Ich war immer noch recht immobil, die Kinder hatten Homeschooling und auch Nik und meine Mutter waren die meiste Zeit zu Hause. In dieser Zauberberg-Atmosphäre vergaßen wir, rechtzeitig unseren Flüssiggastank auffüllen zu lassen. Dann kam der Schnee. Gerade als die weiße Pracht am dicksten auf dem Land lag, sank die Tankuhr auf null. Keine Chance, dass der Tanklastzug den vereisten Waldweg zu uns herauffahren könnte. Bis die Wege wieder frei wären, würden wir also weder Heizung noch warmes Wasser haben. Für einen oder zwei Tage mag das ja ganz lustig sein. Aber über die Weihnachtstage und ins neue Jahr hinein? Der alte Kachelofen im Esszimmer wurde zu unserer Rettung. Hier gab es nun eine kuschelige Insel im kalten Haus. Nach ein paar Tagen wurden wir aus der Not erlöst, wir schafften es mit Ach und Krach, ein paar Gasflaschen den Berg hoch zu schaffen. Das verschaffte uns ein wenig Spielraum, bis Mitte Januar der Weg wieder so weit frei war, dass der Gastank wieder gefüllt werden konnte und das Leben sich wieder normalisierte.

»Das wird uns nicht noch einmal passieren!«, schworen wir uns.

Als alles wieder seinen gewohnten Gang lief, bestellten wir ganz clever den Handwerker zur Überprüfung der alten Heizungsanlage. Wir wollten ausschließen, dass wir zwar einen vollen Tank, aber eine kaputte Heizung haben. Am Donnerstag vor den Pfingsttagen kam er. Obwohl es schon Ende Mai war, war es noch mal ziemlich kalt geworden; ein richtig fieser Spätfrühling war das. Wir hatten damit gerechnet, dass ein paar Ersatzteile eingebaut werden müssten. Doch der Heizungsmann schüttelte bedenklich den Kopf: »Nein, nein, die Heizung kann man so nicht mehr laufen lassen. Die muss sofort abgestellt werden.« Wir diskutierten, aber der Fachmann blieb hart: »Das kann ich nicht auf meine Kappe nehmen. Wenn da was passiert!« Also über Pfingsten wieder im Kalten sitzen? Der Heizungsbauer ließ sich erweichen, am nächsten Tag noch einmal zu kommen und die Heizung wenigstens notdürftig in Schuss zu bringen. Stundenlang schraubte er an den Rohren herum. Es wurde vier Uhr nachmittags, dann fünf. Es war längst Feierabend, doch der Handwerker blieb und werkelte weiter. Draußen dämmerte es schon, als er schweißgebadet in der Tür stand. »Die Rohre tun's jetzt, aber die Heizung springt nicht mehr an.« Operation gelungen, Patient tot. Das notwendige Ersatzteil würde er mit ein wenig Glück in zwei Wochen da haben. »Schönen Tag noch«, sprach er und verschwand in die Pfingsttage. Ich machte ihm keinen Vorwurf. Er hatte sein Bestes gegeben und es war ja nicht seine Schuld, dass wir eine so alte Heizung haben.

Wieder hatten wir weder Wärme noch heißes Wasser. Das nervte! Überall kroch feuchte Kälte ins Haus. Also wurde der kleine Elektroofen aus dem Schuppen wieder in die Einliegerwohnung meiner Mutter getragen, der große Holzofen im Esszimmer erneut in Dauerbetrieb genommen. So wie schon über Weihnachten war unsere Frier-Arie über die Pfingsttage natürlich auch mit Schönem durchsprenkelt. Die Familie rückte um den glühenden Ofen im Esszimmer zusammen, bei 30 Grad Zimmertemperatur spielten die Kinder einträchtig auf dem Boden. Anders als sonst gab es kaum Streit und Gezerre. Und weil die Schlafzimmer eiskalt und die Bettdecken so klamm waren, verkrochen sich Eltern und Kinder abends manchmal gemeinsam ins große Bett.

Ein Glück im Unglück waren auch die Katzenkinder. Die Kinder hatten sich leidenschaftlich gewünscht, dass Kater Karlo und Katze Kagi Babys haben dürfen, bevor Karlo kastriert werden sollte. Wir beschlossen, für dieses Mal der Natur ihren Lauf zu lassen. Es war ein großes Spektakel, von den Kindern mit Erstaunen betrachtet, bis Kagi endlich trächtig war. Kurz nach Ostern brachte sie drei Katzenbabys zur Welt. Die wuselten nun zwischen unseren Füßen herum. Es gibt einen Grund, warum Bilder von kleinen Katzen im Internet so beliebt sind: Sie sind einfach zu goldig! Man hält es kaum aus! Allerdings kann man nicht den ganzen Tag verzückt neben den Kätzchen sitzen und sie herzallerliebst finden. Ständig gab es Hektik: Wo ist das dritte Kätzchen? Und: Wer macht das Katzenklo sauber? Manchmal lag auch eine kleine braune, gar nicht goldige Wurst im Flur. So etwas muss natürlich mitgetragen werden. Wenigstens war mein Knie wieder so weit, dass ich mich gut bücken konnte. Ein Wermutstropfen war auch, dass die Katzenmama ihren Kleinen halblebendige Mäuse brachte, damit sie das Jagen übten. Meine Kinder beobachteten dieses Treiben mit sehr gemischten Gefühlen. Dass Kagi dicht an ihnen vorbeistreicht und stolz eine tote Maus zeigt, kannten sie schon. Aber die Quälerei der angeschlagenen Mäuse war nicht schön anzusehen. »Können wir die Maus nicht erlösen?«, fragten sie dann. Aber wie? In diesen Tagen lernten die Kinder sehr anschaulich, dass alles mindestens zwei Seiten hat: Kleine Kätzchen sind nicht nur süß, sondern auch Raubtiere. Und wenn Kagi die Mäuse nicht finge, würden bei uns die Mäuse durch die Küche flitzen und in die Schubladen kötteln. Insgesamt hatten also die Pfingstferien in unserem kalten Haus jede Menge Höhen und Tiefen. Der finale Schlag im Zusammenleben von Mensch und Katze sollte aber erst noch kommen.

***

Am Tag nach Pfingsten wache ich morgens im eiskalten Zimmer auf und merke gleich: Irgendetwas stimmt nicht! Was riecht denn hier so fürchterlich? Meine Nase führt mich zum Geruchsherd. Es ist mein Kleiderschrank! Weil es wegen der vielen Schrägen im Schwarzwaldhaus so wenig Stellplatz gibt, hatten in dieser dunklen Ecke des Schlafzimmers lange Zeit nur ein paar Kisten herumgestanden. Erst seitdem mir mein Bruder Julian zum Geburtstag ein paar Bretter und eine Schiebetür in die Dachschräge gebaut hat, muss ich nicht mehr im Chaos wühlen, um die Koffer für eine neue Reise zu packen. Auf zwei Kleiderstangen übereinander hängen hier die liebevoll ausgewählten Kleidungsstücke, die ich beim Drehen trage – oben die Oberteile, unten die Röcke und Kleider. Ich bin nicht allzu ordentlich, aber hier in meinem ganz privaten Wohlfühlort, dem einzigen Bereich im ganzen Haus nur für mich, ist alles picobello. Und genau diesem Heiligtum entströmt der unsägliche Geruch. Mit dunklen Vorahnungen öffne ich die Schiebetür. Sofort schwappt mir ein Wahnsinnsgestank entgegen. In der hinteren linken Ecke verdichtet sich die Sache: Kater Karlo hat in den Schrank gepinkelt! Als erstes ziehe ich ein paar tropfend nasse Sneaker heraus. Dann sehe ich, dass das Katzenpipi in die Kleidung der unteren Reihe gezogen ist. Mein Entsetzensschrei ist durch das ganze Haus zu hören. Kater Karlo maunzt erschrocken auf und rennt wie ein Blitz außer Sichtweite.

Später meinten meine Kinder ganz mitleidig: »Und das noch vor dem Morgenkaffee!« Ich war selbst überrascht über meine vehemente Reaktion. Aber da kam einfach viel zusammen. Die Entweihung keines anderen Ortes im Haus hätte mich härter treffen können. Mit Essigreiniger wische ich alles fünffach aus, wasche die Kleidung und bedufte sie mit Lavendel. Die Sneaker musste ich wegschmeißen, ein anderes Paar hat die Waschmaschine überlebt und die Kleider haben keinen dauerhaften Schaden genommen. Bald duftete es wieder ganz wunderbar in Schrank und Schlafzimmer.

Natürlich habe ich im Nachhinein vollstes Mitleid mit unserem Kater, auch er hat schwere Zeiten durchgemacht. Erst waren da die kleinen Kätzchen, die ihn von seinem Platz in unseren Herzen verdrängt hatten, am Tag vor seinem Kleiderschrank-Fauxpas ist er kastriert worden und dann habe ich ihn auch noch wild ausgeschimpft. Der Tierarzt hat zwar geraten, ihn nach der Operation einige Tage im Haus zu behalten, doch Karlo maunzt so lange herzerweichend an der geschlossenen Haustür, dass wir ihn schließlich hinauslassen. Beleidigt entschwindet er zwischen den Bäumen – und kommt nicht wieder. Zwei Wochen lang machen wir uns größte Sorgen um ihn. Dann endlich die erlösende Nachricht vom Tierarzt: Struppig und abgemagert hat er sich bei einer Familie unten am Fuß des Berges einquartiert. Die hat zwar schon zwei Katzen, bringt es aber nicht übers Herz, ihn zu verscheuchen und päppelt ihn aus seinem Kastrationselend auf. Als wir ihn abholen, straft er uns mit Nichtachtung. Uns wird klar, dass er uns so schnell nicht verzeihen wird und wir ihn zurückerobern müssen. Bis jetzt haben wir ihn schon dreimal unten im Tal abgeholt, nur langsam akklimatisiert er sich wieder bei uns. Mit der Familie am Fuß des Berges gründen wir eine WhatsApp-Gruppe, um immer auf dem Laufenden zu sein. Wir müssen uns damit abfinden: Karlo hat sich eine Patchwork-Familie zusammengesucht. Wir sind nicht gefragt worden.

***

Irgendwas ist immer. Mal sind es scharfe und schmerzhafte Einschnitte ins Leben, mal kann man das Geschehen unter »Pleiten, Pech und Pannen« einordnen. Solange es nur Intermezzos sind, sind sie im ersten Moment zwar ärgerlich, aber mit ein bisschen Abstand verlieren die meisten Dinge an existenzieller Wucht. Sogar der Bänderriss, der mich über ein halbes Jahr aus dem Verkehr gezogen hat, wird irgendwann einmal nur noch ein »Weißt du noch?« sein. Manchmal kann man über die Zwischenfälle nach einer gewissen Zeit sogar herzlich lachen.

Nik fährt sehr, sehr achtsam Auto. Er war noch nie in einen Unfall verwickelt, sein Punktestand in Flensburg war, ist und bleibt wohl für immer bei null. Meine Fahrweise ist dagegen eher rasant, aber nicht riskant. Wenn die Kinder mit im Auto sitzen, fahre ich gerne mal Schlangenlinien im Takt der Musik oder bremse in ihrem Rhythmus, natürlich nur, wenn alles um uns herum frei ist. Für die Kinder ist das schaurig-schön, irgendwo zwischen peinlich und lustig. An einem herrlichen Frühlingstag fahre ich meine Tochter zur Schule. Trotz Coronawechselunterricht müssen wir genau so oft wie sonst fahren, es wäre ja auch zu schön gewesen, wenn die beiden an denselben Tagen zur Schule müssten. Wir sind mal wieder etwas spät dran, aber die erste Schulstunde werden wir auf den letzten Drücker schaffen. In diesem Moment macht es »Wouff!« Ich bin geblitzt worden! Mit knapp 35 in der Dreißiger-Zone. Mist! Das hat gerade noch gefehlt! Warum habe ich nicht besser aufgepasst? Kurz vor der Schule ist auf der Straße irgendein Kuddelmuddel und ich muss auf die Straßenbahnschienen ausweichen. Fünfzig Meter weiter steht eine Polizistin am Straßenrand und macht mir Zeichen, dass ich anhalten soll. Ich fahre rechts ran, meine Tochter springt schnell aus dem Auto und rennt die letzten Meter zur Schule. Die Polizistin ist ganz freundlich: »Sie dürfen hier nicht fahren!« Ich falle aus allen Wolken. Wie? Den Weg hier kenne ich doch genau! »Doch, doch! Seit heute Morgen ist hier für ein paar Tage komplett gesperrt.« Das darf doch nicht wahr sein! Ich habe kein Schild gesehen. Ich habe aber auch nicht gut aufgepasst, diese Strecke fahre ich schließlich fast täglich. Die Polizistin zeigt Verständnis: »Sorry, dass Sie uns hier ins Netz gegangen sind.« Es hilft nichts, ich bekomme eine Verwarnung. Noch mal zwanzig Euro. Echt ärgerlich. Dass das leicht chaotische Bild, das meine Familie von mir hat, mal wieder bestätigt wurde, macht die Sache auch nicht besser.

Ein paar Stunden später fahre ich den Freund meines Sohnes vom Homeschooling bei uns zurück zu ihm nach Hause. Mein Kopf ist voller To-dos: Meine Mutter hat ein Hochbeet geschenkt bekommen, und wir haben es immer noch nicht aufgebaut. Sie fragt schon, warum das so lange dauert. Und die Unterlagen für die Steuer sind auch noch nicht fertig. Wir kommen an der Stelle vorbei, wo ich am Morgen geblitzt worden bin. Brav fahre ich mit Tempo 30, sogar noch ein bisschen darunter, um sicherzugehen. Dann wende ich mich dem Freund auf dem Beifahrersitz zu und sage: »Du glaubst es nicht, an dieser Stelle bin ich heute Morgen geblitzt worden.« Genau in diesem Moment macht es wieder »Wouff!« Wieder geblitzt! Dieses Mal 200 Meter weiter. Ich fasse es nicht! Hier darf man doch wieder 50 fahren, das weiß ich genau! Im Rückspiegel sehe ich den Kastenwagen, in dem der Blitzer versteckt ist. Erbost setze ich zurück, in dem Auto sitzt ein Polizist und schaut mich ganz gelassen an, als ich wutschnaubend neben ihm stehenbleibe. Bevor ich richtig Luft holen kann, sagt er: »Hier ist neuerdings auch Tempo-30-Zone.« – »Ich habe aber kein Schild gesehen!« – »Stimmt. Das ist ja auch nicht besonders gut sichtbar, da haben sich schon einige Leute beschwert.« – »Und dann stehen

Sie mit Ihrem Blitzer genau hier?« – »Klar, damit die Leute merken, dass auch dieser Streckenabschnitt jetzt eine 30er-Zone ist.«

Innerhalb eines halben Tages bin ich zweimal geblitzt und einmal von der Polizei angehalten und verwarnt worden. Es ist echt ein Elend. Beim Abendbrot sitzen wir alle zusammen in der Küche und ich erzähle zähneknirschend von den Abenteuern des Tages. Ein bisschen Mitleid ist da, ein bisschen Schadenfreude, aber vor allem eine absolut ansteckende Heiterkeit. Als das Lachen langsam abebbt, sage ich: »Ich fasse noch mal kurz zusammen …« und gehe alle Stufen des anschwellenden Dramas noch mal akribisch durch. Jetzt liegen die Kinder buchstäblich auf dem Boden vor Lachen und Nik und meine Mutter wischen sich die Lachtränen aus den Augen. Ich bin immer noch ganz schön geladen. Aber mit ein bisschen Abstand geht es schon wieder. Und dann muss ich einfach mitlachen.

»KÖNNEN SIE MAL KURZ
DIE FÜSSE HEBEN?«

*Wenn man denkt, es geht nicht mehr,
hat man immer noch zwei Drittel seiner Kräfte.*

Horst Köhler

Das Jahr 2020 hat uns allen viel abverlangt. Zum Ende hin gab es auch noch einen Winter, den ich als besonders lang und ungemütlich in Erinnerung habe. Mit Sonnenwärme im Gesicht lässt sich vieles ertragen, doch im Winter habe ich diesen Energie-Booster nicht. Spätestens im Februar laufe ich auf Reserve. Die dunkle Jahreszeit ist fast überstanden, aber eben nur fast. Dass es in diesem speziellen Winter wegen der Reiseeinschränkungen beruflich nicht viel zu tun gab, ließ meine Ressourcen noch schneller dahinschwinden. Ich konnte nach der Knieoperation zwar wieder ganz gut laufen, aber wohin? Ich muss es zugeben: Ich war ein wenig quengelig und weinerlich. »Mir fällt jetzt so gar nichts Schönes ein!«, dachte ich manchmal – eine Stimmung, die eher in die Pubertät passt. Mit dieser Gefühlslage ging ich an einem nasskalten und grauen Tag innerlich frierend und mit hochgezogenen Schultern an einer alten Mauer vorbei, der Weg war eine einzige Pfütze. Da sah ich auf der Mauer ein kleines Polsterkissen aus Sternmoos, leuchtend grün und mit glitzernden Wassertropfen. Es sah so einladend aus, ich musste es einfach anfassen. Ganz vorsichtig drückte ich auf den grünen Knubbel, spürte seine Nachgiebigkeit und auch den sanften Widerstand, den die vielen kleinen Blättchen ausübten. Gleichzeitig füllte ein vom nahen Bach aufsteigender, kühler Luftzug meine Lungen und erfrischte mich von innen her. Hach! Diese kleinen Sinneseindrücke vom Wegesrand richteten mich auf, mein Gesicht hielt ich dem Nieselregen entgegen. Es wurde nass, na und? Den Rest des Weges ging ich buchstäblich ein paar Zentimeter größer als zuvor.

Es sind oft die kleinen Dinge, die mich über mühsame Zeiten retten. Genau dann, wenn ich schon fast verzweifle, stoßen wackere Schneeglöckchen als erste kleine Hoffnungsträger durch die Schneedecke. Mit ihnen kommt die verheißungsvolle Vorahnung auf das Licht und die Farben des Frühlings. Bald folgen die ersten Weidenkätzchen, so unendlich zart und weich. Wenn dann auch noch das Rotkehlchen in der Morgendämmerung anfängt zu schmettern, weiß ich, dass ich es wieder mal geschafft habe.

***

Es versöhnt mich auch mit der Welt, wenn ich eine Tasse mit heißem Kaffee oder Tee in meinen Händen halte. Für mich ist das der Inbegriff für eine Auszeit und dafür, sich etwas Gutes zu tun. Es müssen *beide* Hände sein, denn dann macht man auch wirklich nichts anderes nebenbei – schnell eine Einkaufsliste schreiben oder Besteck in die Schublade räumen. Ich sitze einfach nur da, genieße den Moment und lasse meine Gedanken wandern, es ist die perfekte Me Time und immer wieder ein Glücksmoment. Neulich saß ich wieder einmal für ein paar stille Minuten mit einer Tasse in den Händen auf der Bank vor unserem Haus. Es war die kleinste, die ich habe, es passt nur wenig Kaffee hinein. Dass ich sie trotzdem gerne benutze, liegt an den schönen Erinnerungen, die an ihr hängen. Sie stammt aus Jütland, eine Töpferin hatte uns dort einen Drehtag lang durch die von Wind und wilder Nordsee geprägte Region geführt. Auch in ihrem gerade neu eröffneten Laden waren wir zu Besuch. Es war eine Art Concept-Store, in dem nicht nur ihre fertigen Produkte ausgestellt waren, sondern man ihr auch beim Töpfern zuschauen konnte. Zur Abrundung hatte sie ein kleines Café in die Räumlichkeiten integriert. Sie lud mich ein, mich zu ihr an die Töpferscheibe zu setzen, und zeigte mir, wie sie aus einem Batzen Lehm ein Gefäß entstehen ließ. Dann durfte ich es probieren. Mein Fabrikat war deutlich unproportionierter und wackeliger als das, was die Künstlerin wie durch Zauberhand geschaffen hatte, trotzdem war es ein tolles Gefühl, den Ton durch den Druck meiner Finger in eine Form zu bringen. Es war nicht das erste Mal, dass ich beim Modellieren, Glasieren und Brennen dabei war, aber wie immer war es eine sehr sinnliche Erfahrung. Die von der Töpferin ausgewählte Glasur passte zur wilden Nordsee und der glasklaren Lichtstimmung Nord-Dänemarks: unten rau und hell wie Sand, oben glatt und himmelblau. Zwei kleine Tässchen kamen in den roten Rucksack, eine dritte nahm ich für mich mit. Wenn ich diese Tasse in der Hand halte, tauche ich gleich wieder in die kreativ-genüssliche Welt ein und fühle den kühlen Ton, seine Geschmeidigkeit und die Lust, mit der ich etwas unter meinen Händen entstehen ließ. Natürlich gibt es nicht immer gleich ein Flashback-Feuerwerk, sobald ich die Tasse in der Hand habe. Aber gerade dann, wenn es Not tut, sind die Erinnerungen abrufbar und bauen mich auf.

Corona-Lockdowns und Kreuzbandriss waren nicht die einzigen Abschnitte in meinem Leben, in denen ich zur Untätigkeit verdammt war und mir die Perspektiven wegbröselten. Ich weiß, wie es ist, arbeitslos zu sein und keine Ahnung zu haben, wie es weitergehen soll. Und auch, wie einen das Scheitern einer Beziehung in die Tiefe reißen kann. All diese Situationen haben eine Gemeinsamkeit: Man ist in das schlichte Aushalten runtergebremst und neben dem reinen Durchhalten kann man nicht mehr machen, als immer wieder von Neuem das Aufstehen zu versuchen. Ich finde, solche Phasen sind genauso anstrengend und zermürbend wie das wilde Umherspringen in der Überforderung. Vielleicht ist das Ausharrenmüssen sogar noch schwerer zu ertragen, denn wir sind auf Effektivität geeicht. In unserer Gesellschaft gilt allgemein die Maxime »höher, weiter, schneller«. Wer hochgedreht unterwegs ist – und sei es noch so unproduktiv – darf sich in der Regel des Zuspruchs seiner Umgebung sicher sein. Wer dagegen in einer zäh-klebrigen Teergrube scheinbar auf der Stelle tritt, bekommt auch noch zu hören, jetzt sei es doch auch mal gut und man möge doch bitte wieder in die Spur kommen. Besonders aufreibend ist es, wenn kein Ende in Sicht ist und der tröstliche Gedanke fehlt: »Noch soundso viele Wochen oder Monate muss ich aushalten, dann wird es wieder besser.«

Auch wenn im Nachhinein klar wird, dass fast alle persönlichen Lockdowns keine vertane Zeit waren, muss man doch irgendwie durch die harten Zeiten durch. Beim nächsten erzwungenen Stillstand will ich versuchen, diese Phase nicht als Minus zu begreifen, sondern als eine Zeit, in der sich Kraft ansammelt. So wie beim starken Wanja. Ich habe diese Geschichte von Otfried Preußler schon als Kind geliebt. Faulpelz Wanja setzt sich mit sieben Säcken Sonnenblumenkernen auf den Ofen und bleibt dort sieben Jahre lang untätig hocken. Kein Wort spricht er, seine Familie hat ihn längst abgeschrieben, da endlich ist es so weit: Er steht auf, strotzend vor Kraft. Er ist so stark, dass er sogar das Dach vom Haus heben kann und das Sonnenlicht durch den Spalt scheint. »Jetzt bin ich bereit«, sagt er. Am Ende der Geschichte ist er Zar von Russland.

***

Neben den kleinen Dingen, die es im Alltag zu entdecken gilt, sind auch die Erinnerungen an meine Reisen Ressourcen, die ich bei Bedarf hervorholen kann. Wenn ich durch meine Fotos auf dem Handy scrolle, um meine Energietanks aufzufüllen, sehe ich die unfassbare Vielfalt der Erlebnisse, die ich schon sammeln durfte. Die vielen tausend Bilder sind wie ein Erinnerungs-Guthaben, von dem ich zehren kann. Als ich mich noch mit den Nachwirkungen der Kreuzband-Operation abquälte, hatte ich mir ein besonderes Bild ausgesucht: Ich stehe an einem Strand auf Sri Lanka und schaue aufs offene Meer hinaus. Warum gerade diese Aufnahme? Für mich ist es das perfekte Sehnsuchtsbild, denn es spricht alle meine Sinne an. Ich bin von hinten zu sehen, der Betrachter blickt auf das, was ich damals gesehen habe: das offene Meer und den weiten Himmel, beides in unfassbaren Blautönen. Die Sonne steht schon tief, die schwüle Hitze des Tages ist einer kühlenden Brise gewichen. Das Licht ist ganz weich, ich trage ein schulterfreies Sommerkleid, fühle die Wärme und den leichten Stoff auf meiner Haut. Da ist nichts Einschnürendes, kein »Du musst!« Nur der tropische Geruch nach Meer und warmem Sand, ein zarter Duft nach südlicher Exotik und das Geräusch leise schwappender Wellen. Es ist mal wieder Hermann Hesse, der für so einen friedvollen Augenblick die richtigen Worte gefunden hat:

Es ist kein Tag so streng und heiß,
Des sich der Abend nicht erbarmt,
Und den nicht gütig, lind und leis
Die mütterliche Nacht umarmt.

In engen, dunklen und beschwerlichen Zeiten war dieses Foto für mich ein Rettungsanker. »Das war ein toller Moment, und so wird es bald wieder sein«, sagte ich mir, wenn ich es betrachtete. Und die Erinnerungen an die Reise nach Sri Lanka kamen gleich mit. Zum Beispiel die Übernachtung des Drehteams in der Wildlife Lodge.

**

Es ist schon dunkel, als wir müde und durchschwitzt nach einer langen Anreise von einem Mitarbeiter der Rezeption der Reihe nach zu den gebuchten Räumlichkeiten gebracht werden. Der Weg führt an einem einladend beleuchteten Pool vorbei, viel mehr können wir von der Anlage nicht erkennen. Überall um uns herum füllt lautes Zirpen die Luft, unterschwellig nehme ich ein stetes Rascheln und Huschen im Gebüsch wahr. Die Schwärze der Nacht und die dichte Vegetation wehren jeden Blick ab, umso reger bemüht sich meine Fantasie, die dunklen Stellen zu füllen. Jedes Teammitglied bekommt ein eigenes kleines, fest installiertes Hauszelt mit abgetrenntem Badezimmerbereich. Endlich bin auch ich an der Reihe. Der Concierge ratscht den Reißverschluss meines Zeltes auf, schubst mit flüssiger Handbewegung eine riesige Kakerlake vom Bett und sagt stolz: »*Here is your room*«. Ich hatte schon in anderen Ländern wildeste Erlebnisse mit Kakerlaken – sie waren in Küchen herumgewuselt, von Zimmerdecken auf mich heruntergefallen und einmal auch meinen ganzen Körper entlang gelaufen. Das waren Momente, in denen ich dachte: *Kann* man haben, *muss* man aber nicht. Aber wer eine Übernachtung in einer Wildlife Lodge bucht, muss auch mit Wildlife rechnen.

Wir haben ausgemacht, dass wir uns eine halbe Stunde später zu einem gemeinsamen Abendessen treffen. Zeit genug, um sich ein bisschen frisch zu machen. Als ich im Badezimmer auf einem gewissen Örtchen sitze, finde ich mich Auge in Auge mit einer handtellergroßen, dicht behaarten Spinne wieder. In dieser bestimmten

Situation ist es mir leider nicht erlaubt, ihr mal so ganz flexibel aus dem Weg zu gehen. Da hocke ich also und überlege: Was nun? Das schlimmste ist, dass unser Guide kurz vorher noch von diesen Riesenspinnen erzählt hat, unter anderem, dass sie sehr weit springen können. Ich wünschte, ich hätte diese Information erst später bekommen! Denn auch wenn ich mir gerne einrede, dass ich keine Probleme mit Spinnen habe, kommt hier zu den Attributen »groß« und »haarig« noch ein drittes hinzu: »unberechenbar«. Bei dieser Konstellation gerät auch der abgebrühteste Outdoorspezialist in Nöte. Die Spinne könnte jederzeit den als ausreichend empfundenen Abstand von knapp zwei Armlängen durch einen Samurai-Sprung zunichtemachen und direkt auf mir landen. Wer weiß schon, was im Hirn einer Spinne vor sich geht! Um meine aufkeimende Urpanik im Zaum zu halten, versuche ich, rational an das Problem heranzugehen: Wann hast du je gehört, dass ein Mensch von einer Spinne zerfleischt wurde? Bis ich endlich an Flucht denken kann, habe ich trotz aller Selbstbeschwichtigungen leichte Schweißausbrüche hinter mir. Die Spinne registriert meine Bewegung, rennt im Affenzahn Richtung Dusche und verschwindet in einer breiten Ritze. Immerhin geht die Begegnung insgesamt unblutig zu Ende.

Beim Abendessen zeigt sich, dass die Kollegen ähnliche Erfahrungen gemacht haben. Sogar der Kameramann Christian Neher, den ich sonst als hart im Nehmen kenne, ist komplett aufgelöst. »Hier bleibe ich nicht!«, weigert er sich kategorisch. Nach dem zweiten Bier kann er sich mangels Alternativen dann doch vorstellen, in der Lodge zu übernachten. Wir alle sehen der vor uns liegenden Nacht mit großen Vorbehalten entgegen, denn es gibt keine Moskitonetze, unter denen wir uns etwas sicherer fühlen könnten. Für den Kameramann holen wir unser einziges Netz aus dem Auto und drapieren es notdürftig über seinem Bett. Der Rest des Teams muss die Nacht ohne Hilfsmittel überstehen. Da liege ich nun auf meinem Bett und rechne mir aus, dass es schon ein großer Zufall sein müsste, wenn die Spinne aus dem Badezimmer kommen und gerade auf meinem Bett ein Tänzchen aufführen oder mir gar im Schlaf übers Gesicht laufen würde. Genau das würde ich in so einer Situation auch meinen Kindern erklären. »Wisst Ihr, die Spinne hat genauso viel Angst vor Euch, wie Ihr vor der Spinne.« Aber Rationalität funktioniert nicht, wenn es um große, haarige und spontan springende Lebewesen geht. Ich falle in einen unruhigen Schlaf. Einige Male schrecke ich auf, mache das Licht an und äuge überall herum, ob die Spinne irgendwo sitzt. Dann mache ich das Licht wieder aus und sinniere darüber, ob es nun gut oder schlecht ist, dass ich sie nicht sehen konnte.

Der nächste Morgen entschädigt mich mit einem der schönsten Sonnenaufgänge überhaupt. Die Welt, die ich in der Nacht zuvor nur gehört und gerochen hatte, ist jetzt sichtbar. Um mich herum ist ein dichter Dschungel, in dem tausend Vögel lärmen; in den Palmen klettern Äffchen herum. Was für ein Erlebnis, so unmittelbar in die Natur eintauchen zu dürfen! In einer Bettenburg hätte ich von alldem nichts mitbekommen. Dazu kommt ein kleiner Stolz: *I survived Wildlife Lodge!* Beim Frühstück haben wir alle Augenringe, und wir alle sind begeistert. Sogar der Kameramann, der ebenfalls kaum ein Auge zugemacht hat, ist mit unserer Unterkunft versöhnt. Zwei Tage später kann er schon Witze über unsere Horror-Nacht machen.

***

Ich habe lange überlegt, ob es in meinem Leben eine Reise gab, über die ich im Nachhinein sagen würde: Die hätte ich mir echt sparen können! Mir ist keine eingefallen. Noch nicht einmal einen einzelnen Tag gab es, der zu hundert Prozent furchtbar gewesen ist. Der Besuch in einer bestimmten Kleinstadt in Deutschland hätte es fast in diese Kategorie geschafft, ich verrate jetzt nicht, welche ich meine. Einerseits schien sie mir recht gesichtslos zu sein, andererseits war sie auf den Ansturm von Besuchern eingerichtet, von denen sie zu einer bestimmten Jahreszeit geradezu überschwemmt wird. Aber auch wenn die Schönheit eines Ortes noch so zweifelhaft ist, die Menschen reißen es immer raus. Die Offenheit und Freundlichkeit, mit der die Einwohner dieser Stadt uns begegneten, war wirklich herzerwärmend – und schon erschien mir diese Destination nicht mehr so trostlos. Manchmal erwischt man einen Ort ja einfach nur auf dem falschen Fuß. Hauptsache, man ist bereit, den ersten Eindruck zu revidieren. Es stellte sich heraus, dass es gerade hier besonders viele Fans der Reisesendungen gibt. So viel Zuspruch und Herzlichkeit habe ich selten erlebt. Ich war richtig gerührt. Als eine Mutter mit ihrer kleinen Tochter auf mich zukam und sagte: »Dies ist unsere kleine Tamina, wir hoffen, dass sie auch einmal so positiv und optimistisch wird wie Sie«, hat mich das sehr bewegt. Dass ich Namenspatin werde, durfte ich schon einige Male erleben. Aber in diesem Städtchen, das ich anfangs etwas unattraktiv gefunden hatte, war das eine besondere Freude für mich.

In einer kleinen Pension in der Eifel ging es mir ähnlich. Dass ich von dieser Unterkunft anfangs ziemlich enttäuscht war, lag einerseits an meiner miesen Stimmung nach zwei Drehtagen im Dauerregen, andererseits daran, dass gefliste Böden im Schlafzimmer und Nippes auf der Fensterbank nicht so mein Ding sind. Nach anstrengender Arbeit in Nässe und Wind hätte ich viel darum gegeben, in ein uriges, mit Schieferschindeln gedecktes und mit Holzdielen ausgestattetes Hotel zurückkehren zu dürfen, vielleicht noch mit Kaminzimmer und Saunabereich. Ziemlich genervt und durchfeuchtet öffnete ich nach einem weiteren Drehtag voller Misslichkeiten die Tür zu meinem Zimmer. Patsch, patsch, machte das Wasser in meinen Schuhen, in den Fugen zwischen den Fliesen bildeten sich kleine Rinnsale. Meine Laune näherte sich dem Nullpunkt. Da entdeckte ich auf dem Nachttisch neben meinem Bett eine kleine Vase mit selbstgepflückten Blumen. Das Vermieter-Ehepaar hatte Mitgefühl mit uns und wollte uns etwas Gutes tun. Auf einem daneben liegenden Zettel stand: »Ein Farbtupfer als Erholung für Sie«. Als ich das liebevolle Arrangement sah, hätte ich fast geheult. Dank des Gefühls, herzlich umsorgt und liebevoll aufgefangen zu sein, waren Größe und Ausstattung des Zimmers überhaupt nicht mehr wichtig. Es war so einfach für mich, mich in eine miese Laune reinzusteigern und mein Selbstmitleid an meiner Unterkunft auszulassen. Die Blümchen holten mich auf den Boden zurück. Ich musste mich mal wieder an meiner eigenen Nase packen: Wer beim Wetter anfängt zu meckern, dem ist einfach nicht zu helfen.

Solche negativen Anwandlungen sind mir eigentlich ganz fremd und es passt auch überhaupt nicht zu meiner Haltung dem Leben gegenüber, ein gefühltes Leiden an einem zu kalten Hotelpool, an fehlenden Brötchen beim Frühstücksbüfett oder tröpfelnden Duschen zu kultivieren. Ich will lieber die Chancen sehen und nicht ständig überlegen, was faul sein könnte – schon allein deshalb, weil so eine Haltung schnell zur selbsterfüllenden Prophezeiung wird. Der berühmte Clown Charlie Rivel hat den Nagel auf den Kopf getroffen: »Der Optimist hat nicht weniger oft unrecht als der Pessimist, aber er lebt froher.« Mein Optimismus und der grundsätzliche Vertrauensvorschuss in der Begegnung mit Menschen lassen mich fröhlich und sicher im Leben stehen. In neun von zehn Fällen wird diese Haltung nicht enttäuscht. Auch an den scheinbar unattraktivsten Orten lassen sich spannende Ecken entdecken, und sogar die nervigsten Querulanten sind fast immer freundlich und hilfsbereit, wenn man ihnen nur eine Chance gibt. Und wenn wirklich mal was schiefgeht, lässt es sich auf Reisen fast immer mit einer positiven Einstellung weglächeln.

***

Die wichtigste Ressource, um über Tage zu kommen, an denen es mal nicht so gut läuft, ist natürlich meine Familie. Sie ist das Wurzelwerk, das mich stärkt und hält, und meine Heimat zu der ich immer zurückkehren kann. Weil sie in meinem Herzen immer dabei ist, bin ich nie einsam. All dies sind grundlegende Voraussetzungen dafür, dass ich mich immer wieder voll auf fremde Lebenswelten einlassen kann und meine intensive Reisetätigkeit nichts mit Weglaufen und Flucht zu tun hat. Meine Familie schenkt mir das Vertrauen, dass was immer ich auch mache, von ihnen mitgetragen wird. Dank meiner Lieben laufe ich auch kaum Gefahr abzuheben – das ist kaum möglich, wenn man nachts auf vergessenen Legoteilen ausrutscht. Mit Anfang dreißig hatte ich diese Homebase noch nicht, damals stand für mich stark die Sinnfrage im Raum: Worum geht es eigentlich im Leben? Was bleibt? Durch Nik und die Kinder haben diese Fragen Antworten gefunden: Es geht darum, Liebe, Wärme und Unterstützung zu bekommen und weiterzugeben. Und auch wenn niemand weiß, was für einen persönlich nach dem Tod kommt, so ist eines doch sicher: Durch die Kinder geht das Leben weiter.

Natürlich kostet die Familie auch Kraft, aber die Energiebilanz ist weit, weit im Positiven. Den Spagat zwischen Arbeit und Familie kennen alle Familienmenschen. Bei mir ist das Hin und Her vielleicht ein bisschen extremer, denn ich bin ja meist gleich für sieben bis zehn Tage weg. Zum Glück läuft auch ohne mich zu Hause alles weiter. »Jaja, wir haben alles im Griff«, sagen Nik und meine Mutter leicht genervt, wenn ich anrufe. Dass sie alle kleineren und größeren Katastrophen auch ohne mein Zutun gut hinbekommen, ist eine große Erleichterung, aber mein Heimweh mildert das nicht. Umso mehr freue ich mich, wenn es alle paar Jahre mal möglich ist, dass mich meine Kinder beim Drehen besuchen können, natürlich mit erwachsener Begleitung. Bei ein oder zwei Sendungen kann man sie zu ihrer großen Freude unerkannt im Hintergrund laufen sehen. Auch auf Usedom waren sie für ein paar Tage mit dabei. Sie waren noch recht klein und sie konnten nicht verstehen, warum die Mami keine Zeit für sie hat, auch wenn sie gerade bester Laune mit einem wohlerzogenen, goldigen Eselchen namens Robert am Strand entlangläuft. Es war ein Herzensdreh, Robert stapfte ganz lieb und geduldig neben mir her, fröhlich plauderte ich in die Kamera. Gleichzeitig sah ich aus dem Augenwinkel, dass meine Kinder unruhig an ihrer Großmutter zerrten, weil sie unbedingt zu mir wollten. Schließlich riss sich das Büblein los und lief geradewegs ins Bild hinein. Also alles noch einmal von vorn. Das Team war verständnisvoll und geduldig, auch Robert, der von mir eine Extramöhre bekam. Für die Kinder und mich war es damals aber eine sehr aufwühlende Situation.

**

Heute sind die Kinder so groß und verständig, dass vieles einfacher ist. Als ich sie zum ersten Mal allein zu Hause ließ, weil ich zum Elternabend ging, stellte ich beim Nachhausekommen beruhigt fest, dass tatsächlich alles gut gegangen war: »Mensch, das geht ja und funktioniert!« Diese Entwicklung ermöglichte nun ganz neue Dimensionen an Freiheiten für alle.

Kürzlich entstand die Idee, die Kinder für drei Tage mit zu Dreharbeiten in die Schweiz zu nehmen. Weil der Drehplan dieser Reise extrem dicht war, schlug ich vor, dem Sender zwei Drehtage zu schenken und früher als geplant zum Team zu stoßen – allerdings mit meinem Nachwuchs. So mussten die Kollegen zum Beispiel nicht zweimal auf die Rigi hinauffahren – einmal für die Landschaftsaufnahmen und einmal für den Dreh mit mir – sondern nur einmal. Nik würde am dritten Tag zu uns stoßen und die Kinder übernehmen, zwei Tage mussten die beiden also allein im Schlepptau des Teams zurechtkommen. Die Autorin Anja Koenzen kannte meine Kinder und konnte sich gut vorstellen, dass das klappt. Sie waren nun auch groß genug, um die Abläufe zu verstehen und sich in den entscheidenden Momenten zurückhalten zu können. Meine zehn Jahre alte Tochter freute sich darauf, dass sie vielleicht noch mal unerkannt im Bildhintergrund zu sehen sein würde, so wie auf der Ostsee-Kreuzfahrt einige Jahre zuvor. Ihr zwei Jahre älterer Bruder war etwas zurückhaltender: »Schauen wir mal, wie das wird.« Ihm kam es darauf an, genau zu wissen, was der Plan ist und wann wir wo sein würden. »Ist das denn für die Kollegen auch okay?«, fragte er ganz erwachsen. Zu meinem großen Glück konnte ich sagen: »Ja, ist es.« Ich war total enthusiastisch, dass meine nun schon großen Kinder zum ersten Mal sehen und verstehen würden, wie der Arbeitsalltag ihrer Mutter aussieht. Endlich würden zwei Welten zusammenfinden, die zuvor so schmerzlich getrennt waren. Dass eine neue Art von Gefühlschaos auf mich wartete, damit habe ich nicht gerechnet.

Laut Drehplan bin ich in der Schweiz mit dem Wohnmobil unterwegs und übernachte auf Campingplätzen. So wollen wir zeigen, dass dieses Reiseland nicht teuer sein muss. Es sind also nicht nur bestimmte Highlights, die im Zentrum der Sendung stehen, sondern auch das Unterwegssein. Das bedeutet, dass es so gut wie keinen Feierabend für mich gibt, von früh bis spät bin ich verkabelt. Die Autorin hat auch sonst viel in die Drehtage gepackt, es gibt keine Zeit zum Ausspannen, immer wartet schon der nächste Programmpunkt. Rauf auf die Rigi, runter von der Rigi, rauf auf den Pilatus, runter vom Pilatus. Es ist der helle Wahnsinn – und die Kinder immer mit dabei. Sie schlagen sich tapfer, auch wenn sie oft und lange warten müssen und niemand sie bespaßt. Sie wissen, wann sie still sein müssen und wann wir etwas Zeit für sie haben. Mir geht das Herz auf, als ich sehe, wie viel Halt sie aneinander finden. Zu Hause können sie sich streiten wie die Kesselflicker, doch hier auf unbekanntem Terrain sind sie froh, dass sie einander haben und halten ganz süß zusammen. Vor allem dann, wenn ich sie nicht im Auge habe, benehmen sie sich vorbildlich. Das kennen viele Eltern: Woanders sind die Kinder so umgänglich und aufmerksam wie sonst nie. Warum kann das nicht immer so sein? Kaum sind wir in unserer Unterkunft, gibt es Gezänk, wer welches Bett bekommt. »Ich war zuerst da!« – »Nein, ich!« Ich muss mich anstrengen, dass wir alle miteinander die Kurve bekommen.

Natürlich geht auch bei diesem Dreh einiges nicht nach Plan. Am zweiten Tag ist eine Fahrt zur Sennerin Vreni Dahinden-Annen geplant, der ich beim Käsen zuschauen darf. Ihr Alpkäse ist weithin berühmt – nur dann, wenn die Kühe im Sommer oben in den Bergen grasen, darf er so heißen. Beim sogenannten Bergkäse gibt es diese Anforderung nicht. Weil die Gegend dort oben weitgehend autofrei ist und die meisten Fahrzeuge mit dem steilen und steinigen Weg zu Vrenis Alm überfordert sind, hat die Autorin bei einem Familienunternehmen einen geländegängigen Elektrobus organisiert. Der Familienchef selbst hat einen Teil des Teams in aller Herrgottsfrühe hochgefahren, damit es das Käsen filmen kann. Am Vormittag haben wir uns zu Dreharbeiten im Mineralbad Rigi-Kaltbad getroffen und jetzt sollen wir wie verabredet in einer zweiten Tour noch einmal alle zusammen zur Käserei hochgefahren werden, wo mir die Sennerin von ihrem Leben und ihrer Arbeit erzählen wird. Wir wollen schon aufbrechen, da erreicht uns die Nachricht, dass unser Fahrer einen dringenden anderen Termin wahrnehmen müsse und sein Sohn die Tour übernimmt. Leider stellt sich heraus, dass sein Sohn gar keinen Führerschein für den Elektrobus hat. Was tun? Zu Fuß würden wir mindestens zwei Stunden zur Alm brauchen, mit dem schweren Equipment noch deutlich länger. Da trifft es sich gut, dass das Familienunternehmen weitere Transportmöglichkeiten in petto hat. Der Sohn schlägt vor, uns in einer Pferdekutsche zu fahren. Wir überlegen schnell: Das wär doch gar keine schlechte Alternative und für die Zuschauer ein pittoresker Anblick. Also los! Schnell wird die Story umgestrickt. In der neuen Version wandere ich in Richtung Alm und »zufällig« kommt der junge Kutscher an mir vorbei, nimmt mich mit und wir kommen ins Gespräch. Alles klappt wie am Schnürchen, guter Dinge fahren wir los, der Sohn und ich unterhalten uns prächtig, die Kamera immer nah dabei. Die anderen Teammitglieder und die Kinder finden hinten in der Kutsche auch noch Platz. Wenn die Kamera in der Totalen dreht, müssen sie entweder kurz aussteigen oder sich flach auf den Boden legen, damit man sie nicht sieht. Bald scheint Vrenis Hütte auf der gegenüberliegenden Talseite schon zum Greifen nah zu sein. Doch irgendwann merken wir, dass unser Kutscher die Pferde zügig ins falsche Tal hineintrappeln lässt und wir uns von der Käserei immer weiter entfernen. »Halt! Moment! Wir müssen dort drüben zur Vreni hinauf!« Der Sohn macht runde Augen: »Echt jetzt? Keine Ahnung, wie man da hinkommt, ich kenn mich hier nicht aus. Mit der Kutsche würden wir da sowieso nicht raufkommen. Wir können nur diesen Weg auf und ab fahren, gleich dahinten müssen wir umdrehen, da kommen wir nicht weiter durch.« Wir sind in heller Aufregung: Wie soll es weitergehen? Eine gute Stunde haben wir schon verloren. In einer Dreiviertelstunde werden wir oben auf der Alm erwartet. Die Zeit wird knapp. Wenn wir wenigstens nicht das ganze Equipment mit uns schleppen müssten! Die Kinder staunen, dass man hier in den weitgehend autofreien Bergen nicht ganz selbstverständlich dorthin kommt, wo man hinmöchte.

Ein Einheimischer kommt auf seinem Quad vorbei, sieht unsere Misere und sagt:»Für 100 Franken bringe ich das Gepäck zur Alm.« Wir lehnen dankend ab. Wir sehen ihn in der Ferne auf den Hängen herumkurven, dann steuert er noch einmal auf uns zu. »Ich muss jetzt sowieso zur Vreni«, sagt er, »für 50 Franken nehme ich das Gepäck mit.« Es gibt so Momente, da hat man einfach keine Lust auf solche Deals. In der Regel sind die Schweizer ja sehr freundliche, hilfsbereite, manchmal etwas zugeknöpfte Menschen. Wie oft habe ich auf diesem Dreh in lachende Gesichter geschaut und gehört: »Lueg! Lueg! Der rote Rucksack!« Dass wir in diesem Tal unterhalb der Rigi anfangs nicht nur gute Erfahrungen machen, liegt vielleicht daran, dass so viele Touristen dieses Gebiet für sich erobert haben.

Dann naht unsere Rettung. Ein sympathischer Restaurantbesitzer bietet uns an: »Ich habe leider keine Zeit, Euch zu fahren, aber Ihr könnt gern mein Auto haben.« Obwohl er uns nie zuvor gesehen hat, drückt er uns seinen Autoschlüssel in die Hand! Was für eine vertrauensvolle und großzügige Geste! Natürlich passen wir nicht alle zusammen samt Ausrüstung in den kleinen Kastenwagen hinein. Wir beraten uns schnell und entscheiden, dass die Autorin mit den hungrigen Kindern und einem Teil der Ausrüstung die erste Tour fährt. Bis sie wieder da ist, werden wir anderen filmen, wie ich den herrlichen Pfad weiter entlangwandere. Ich laufe also frohgemut durch die Schweizer Bergwelt, genieße den herrlichen Panoramablick und verfolge gleichzeitig, wie sich ein immer kleiner werdendes weißes Auto durch die Schlucht und dann auf der anderen Seite die Berghänge hinauf quält. An einigen Stellen bleibt es schräg im Hang stecken, setzt vor und zurück, vor und zurück, bis eine schwierige Stelle auf dem Pfad geschafft ist und es sich schwankend und rumpelnd weiter vortasten kann. »O Gott! Und da sitzen die Kinder drin!«, denke ich. Kurz unterhalb der Alm traut sich die Kollegin nicht weiter, sie und die Kinder müssen die letzten paar hundert Meter laufen. Bei der zweiten Tour sind Kameramann und der Rest des Equipments dran, damit sie auf der Käserei schon mal filmen und weitere Aufnahmen vorbereiten können. Erst zum Schluss werde ich abgeholt. Mit einigen Stunden Verspätung sind wir endlich alle beieinander bei der Vreni auf der Alm.

Auch hier in der Sennerei müssen die Kinder aufpassen, dass sie nicht versehentlich ins Bild geraten. Irgendwann wird ihnen das Gewusel zu viel und sie setzen sich hinters Haus, friedlich in ihren Büchern lesend. Ich bin unendlich stolz auf sie. Endlich ist alles im Kasten und wir können wieder hinunter ins Tal fahren. Abends übernachten wir auf einem Campingplatz, wo es für die Kinder als Ausgleich für die überstandenen Strapazen einen kleinen Swimmingpool gibt. Hochbeglückt packen die beiden ihre Badesachen und verschwinden im Wasser. Ich falle in einen Campingstuhl, völlig fertig. Solche Aktionen wie heute sind für alle Beteiligten nur bedingt verträglich. Am nächsten Morgen kommt Nik und übernimmt die Kinder für einen Tag, bevor sie zu dritt zurück in den Schwarzwald fahren. Die Verantwortung fällt von mir ab, ich kann mich wieder voll auf meinen Job konzentrieren. Für mich ist das ein wunderbarer Luxus, doch auch diese Konstellation ist nur kurzzeitig wünschenswert. Es kann ja nicht der Sinn sein, dass die Mitglieder meiner Familie dauerhaft wie Trabanten um mich herum kreisen. Familie und Arbeit – in meinem Fall sind das zwei Welten, die getrennt voneinander am besten funktionieren.

Der Tag auf der Rigi hat den Kindern viel zugemutet, aber es war auch ein großes Abenteuer. Sie bekamen aus nächster Nähe mit, dass es zwar ein Drehbuch gibt, aber am Ende viele Überraschungen und Unwägbarkeiten dafür sorgen, dass man ohne Flexibilität und Einsatzbereitschaft nicht weiterkommt. Und dass auf jedes verunsicherte »Was machen wir denn jetzt?« ein »Jetzt überlegen wir erst mal, und dann fällt uns schon eine Lösung ein« folgt. Das war ein Lernen fürs Leben.

***

Durch meine Familie erfahre ich den Halt im Leben, der mich auch die herausfordernsten Schreckmomente überstehen lässt. Zum Beispiel die, die mich an den Rand meiner Widerstandskräfte brachten, als ich in Köln durch den »Eurovision Young Musicians« führte. Es war ein internationaler Abend mit klassischer Musik, der live in zehn Länder übertragen wurde. Meine Schweißausbrüche, weil diese Art der Moderation weit außerhalb meiner Komfortzone war und ich auch noch auf Englisch moderieren musste, habe ich bereits in meinem ersten Buch beschrieben. Es gab aber in diesem Zusammenhang auch zwei akute Herzstillstand-Situationen, die ich ohne die stabilisierenden Ressourcen in mir wohl nicht lebend überstanden hätte.

Es dauerte Tage, bis die Bühne auf der Kölner Domplatte aufgebaut war. In dieser Zeit kam ich öfter mit dem Zug nach Köln, um beim WDR meinen Teil der Vorbereitungen zu erledigen. Gleich vor dem Hauptbahnhof sah ich das Bauwerk mit sehr gemischten Gefühlen der Vollendung zustreben – »Bald werde ich da oben stehen!« In den Räumen des WDR wurde dann die Abendgarderobe ausgewählt, dazu kamen das Probelaufen in High Heels und das Probeschminken, angeklebte Wimpern inklusive. Mit den Kolleginnen vom Kostümbild und der Maskenbildnerin Elke Haake-Meyer, die mich schon bei meiner allerersten Wunderschön!-Sendung auf Sylt begleitet hatte, wurden viele, auch spezielle Fragen nach und nach geklärt: In welchem der zur Auswahl stehenden Kleider mache ich eine gute Figur und kann mich bewegen? Wie high können die Heels sein, ohne einen Sturz zu riskieren? Welcher Schmuck kommt gut zur Geltung, ohne zu sehr vom Gesicht abzulenken? Brauche ich eine formende Unterwäsche oder geht es auch so? Dann war endlich der große Tag da. Drei Stunden vor Beginn des Events wurde ich in der Maske erwartet. Der WDR-Gebäudekomplex in Köln ist eine Welt für sich, Aufzüge, Treppen, Flure, alles ist ineinander verschachtelt und bildet keiner erkennbaren Logik gehorchend ein Labyrinth von riesigen Ausmaßen. Selbst nach zwanzig Jahren kenne ich nur einen Bruchteil seiner Trakte und Geschosse. Ich wusste nur, dass ich in den Raum U127 musste – also irgendwo im Keller. Beschwingten Schrittes trat ich ans Pförtnerhäuschen und fragte nach dem Weg. Doch der Pförtner schüttelte nur den Kopf: »U127? Gibt's hier nicht.« Vielleicht muss man durch einen Seiteneingang? Ich versuchte, Elke anzurufen, aber unten in den Beton-Katakomben gab es kein Netz. Also rannte ich durch das Gebäude, auf der Suche nach jemandem, der mir den Weg weisen könnte. Nur wenige Menschen waren auf den Fluren unterwegs, keiner von ihnen hatte je etwas von U127 oder auch nur einem Raum mit ähnlichem Namen gehört. Weil in den Untergeschossen die Fenster fehlen, verlor ich bald jede Orientierung. »Das kann jetzt echt nicht sein!«, dachte ich, als ich endlos lange Gänge mit Betonwänden entlanghastete. Es war schlimmer als jeder Albtraum. Live-Übertragung! Zehn Länder! Und ich irrte immer noch panisch in irgendwelchen Fluren umher! Mein Herz raste, alles Blut zog sich in meiner Körpermitte zusammen, um die wichtigsten Lebensfunktionen aufrecht zu erhalten. Mir war eiskalt und ich muss kreidebleich gewesen sein. Ein Teil meines Gehirns funktionierte noch, ich wusste genau: »Je mehr ich mich aufrege, desto mehr hat Elke zu tun, um mich präsentabel zu machen. Und je mehr mir die Zeit davonläuft, desto mehr rege ich mich auf.« Ein Teufelskreis, der nicht gerade zu meiner Beruhigung beitrug. Erst nach einer gefühlten Ewigkeit fing mich Elke, die sich auf die Suche nach mir gemacht hatte, auf irgendeiner Treppe ab. »Tamina! Da bist du ja!« Im Eiltempo rannten wir zu U127 und machten uns ans Werk. Ich war fix und fertig. In fünfzehn Minuten war ich fünf Jahre älter geworden, ein Wunder, dass ich nicht tot vom Stuhl fiel. Es waren noch mehr Leute im Raum, die Aufregung und Hetze verbreiteten, weil ich so lange unauffindbar war. Doch Elke ist ein Fels in der Brandung. Zuerst drückte sie mir eine Banane und Traubenzucker in die Hand, dann komplimentierte sie alle anderen aus dem Raum: »So, Ihr Lieben, jetzt lassen wir die Tamina mal in Ruhe, die braucht jetzt ein paar Minuten. Wir haben die Zeit.« Abgeschirmt und von Elke umsorgt kam ich langsam wieder zu Atem, die Lebenskräfte kehrten zurück. Ich schloss die Augen und versuchte, mich zu sammeln, um mental stabil in die Show hineinzugehen. So langsam kam ein wenig Zuversicht in meine Gedanken: »Wir schaffen das.« Mehr Aufregung hätte ich nicht verkraftet – dachte ich.

Vom WDR zur Domplatte sind es nur ein paar hundert Meter, vielleicht ist das der Grund, warum niemand daran gedacht hat, eine Fahrgelegenheit zu organisieren. Mit aufgedrehten Locken, geschminkt und im vollen Ornat laufen wir mitten durch die Kölner Innenstadt zur Domplatte, vorbei an wuselnden Touristen und feiernden Junggesellen. In der Hand halte ich krampfhaft meine Moderationskärtchen, die mir Sicherheit geben werden, falls es mich später auf der Bühne aus dem Konzept haut. Ich begrüße meinen bestens gelaunten Co-Moderator Daniel Hope, alles läuft reibungslos. Nun geht es endlich los! Es ist alles perfekt geplant: Die fulminante Eurovisions-Hymne ertönt, dann spielt das WDR-Sinfonie-Orchester ein romatisches Eröffnungsstück, in dessen letzte Klänge hinein ich in kleinen Schritten – etwas anderes lässt das Kleid nicht zu – über eine geschwungene Rampe auf die Bühne hinunterkomme und die Zuschauer vor Ort und an den Bildschirmen in ganz Europa begrüße. Diesen effektvollen Auftritt – die Rampe ist eine Spielart der berühmten Showtreppe – habe ich lange mental vorbereitet und auch schon einige Male geprobt. Der Auftritt soll möglichst fehlerfrei gelingen, denn Anfang und Ende eines Auftritts müssen sitzen, alle Missgeschicke, die dazwischen passieren, sind nicht so schlimm. Ich klettere also eine Stahltreppe hoch und stehe nun hoch konzentriert am oberen Ende der Rampe und warte auf meinen Einsatz. Wie viele Witze hab ich mir anhören müssen! Freunde und Kollegen malten sich aus, wie ich stolpere und im Orchestergraben lande. Oder dass ich oben das Mikrofon vergesse und es erst unten merke. Wie ein Mantra wiederhole ich immer wieder: »Links die Moderationskarten, rechts das Mikrofon, kleine Schritte machen. Links die Moderationskarten, rechts das Mikrofon, kleine Schritte machen …« Zwischendurch schnelle Kontrollblicke, ob ich auch nicht auf dem Saum meines Kleides stehe. Alles im Griff! Konzentration! Tief in den Bauch hineinatmen! Die Musik nähert sich dem Finale, nur noch eine knappe Minute bis zu meinem Auftritt.

Und genau jetzt bricht der ultimative Stressmoment über mich herein.

Direkt neben mir steht eine resolute Aufnahmeleiterin, die über Headset mit dem Regiewagen verbunden ist. Sie wird mir das finale Signal geben, wenn ich loslaufen kann. Die letzten Takte brechen an, ich halte steten Augenkontakt mit der Kollegin und warte nur noch auf ihr Zeichen. Da sagt sie zu mir: »Übrigens, Frau Kallert, bei den Proben war noch eine Schutzfolie auf der Rampe. Die ist jetzt entfernt worden. Leider ist der Abgang nun ziemlich rutschig.« Nein! Das kann jetzt nicht sein! Ich schaue genau hin und sehe tatsächlich, dass sich das Licht ganz anders als bei den Probeläufen in der auf Hochglanz polierten Rampe spiegelt. Geradezu tückisch glitzert der Widerschein der Spots von der makellosen Oberfläche zu mir herauf. Wie soll ich um Himmels Willen in High Heels diese Schräge runterkommen? Ich kann mich ja schlecht Schritt für Schritt am Geländer hinunterhangeln, und barfuß laufen ist auch keine Lösung. Aber ich *muss* da runter und es ist abzusehen, dass ich das auf die eine oder andere höchst unelegante Weise tun werde. In diesem Moment bin ich der einsamste Mensch auf dem Planeten. Mein Hirn ist völlig leer. Es ist, als hätte ich mich dematerialisiert.

Wie gut, dass die Kollegin auf alle Eventualitäten vorbereitet ist! Sie holt eine kleine Drahtbürste aus ihrer Tasche und sagt: »Können Sie kurz mal die Füße heben? Ich raue Ihre Sohlen ein wenig auf, dann rutscht es hoffentlich nicht so.« Da stehe ich, will eigentlich Begeisterung und Souveränität ausstrahlen, und halte ihr wie ein Pferd, dessen Hufe ausgeputzt werden, nacheinander meine Schuhsohlen hin. Ich selbst könnte sie mir gar nicht aufschrubben, um nichts in der Welt würde ich jetzt noch die Moderationskärtchen und das Mikrofon aus der Hand legen. Dann steckt die Kollegin ihre Bürste wieder ein, horcht auf eine Stimme in ihrem Headset und sagt: »Und jetzt bitte …« Wie in Trance laufe ich auf frisch geraspelten Sohlen graziös und unfallfrei die spiegelglatte Rampe hinunter: »Welcome Cologne, welcome Germany, welcome Europe!«

DER LOHN
DER LEIDENSCHAFT

Ohne Begeisterung schlafen die besten
Kräfte unseres Gemütes.
Es ist ein Zunder in uns, der Funken will

Johann Gottfried Herder

Für die kommenden Dreharbeiten in der Eifel hat sich die Autorin Antje Baumgarten etwas Besonderes überlegt. Auf dem Drehplan, den sie mir zuschickt, finde ich nur die allernotwendigsten Informationen, meine Teamkollegen wissen viel mehr über die Hintergründe und das, was uns an den einzelnen Stellen erwartet, als ich. So reizen wir das »Tamina entdeckt …«-Motiv unserer Sendungen maximal aus. Für mich ist das ein großes Geschenk, denn so darf ich meine Spontaneität ausleben und mich auf besonders viele Überraschungen freuen. Die Eifel mit ihren vielfältigen Möglichkeiten ist genau das richtige Terrain für dieses Experiment.

Nach sehr intensiven Drehtagen in Feld und Wald steht nun nach Übernachtung auf dem Wildnis-Trail, Biber-Beobachtung, Schiffchenfahrt auf einem Stausee die 54. von sechzig Positionen auf dem Plan: Es soll zum Kloster Steinfeld gehen. Als Pilgerstätte ist es weithin bekannt und auch die Orgel der dazugehörigen Kirche zieht viele Besucher an. Aha, also eine ganz andere Thematik als Aktivität in der Natur. Mal sehen, was da auf mich zukommt! Ist Steinfeld nicht dort, wo die A1 quasi aus dem Nichts beginnt? Ich bin mir nicht sicher, ich habe kein Bild vor Augen. Im sportlich-rustikalen Outfit sitze ich im Teambus, die Anfahrt geht über kleinste Straßen bergauf und bergab, hier ist man wirklich weitab vom Schuss! Und dann kommt statt des erwarteten kleinen Klosters ein riesiger Gebäudekomplex in Sicht. Ich weiß gar nicht, was beeindruckender ist: die weitläufigen Klosteranlagen oder die große Basilika mit ihren zwei hohen Türmen und der weithin weiß leuchtenden Fassade? Ich hätte nicht erwartet, mitten in der Nordeifel ein solches Zentrum des Glaubens zu finden. So wie bei allen heiligen Stätten der Welt ist auch hier sofort eine besondere Strahlkraft spürbar.

Leider haben wir weder für das Kloster noch für den Klostergarten Zeit. Ziel unseres Besuchs ist die Orgel, von der ich erst später erfahre, dass sie vor 300 Jahren von dem begnadeten Balthasar König gebaut wurde und die besten Organisten aus der ganzen Welt nach Steinfeld kommen, um auf ihr spielen zu dürfen. In der Basilika werde ich den Organisten Andreas Warler treffen, der uns versprochen hat, uns in einer kleinen Privatführung diese so besondere Orgel zu zeigen. Musik ist für mich ein großes Lebensthema, deshalb ist die Vorfreude auf diese Begegnung groß. Und doch ist der Besuch in Steinfeld ein Beispiel dafür, dass ich bei Dreharbeiten auch ins Schleudern geraten kann.

Am Anfang des Besuchs läuft für mich alles optimal. Manchmal erfordern es die Umstände, dass ich mich mit meinen Gesprächspartnern bekannt mache, bevor der Dreh überhaupt losgeht. Zum Beispiel warten viele Gastgeber schon auf uns, wenn wir am Drehort eintreffen. Dann kann ich schlecht im Auto hocken bleiben, bis Kamera und Ton fertig zur Aufnahme sind. Also steige ich mit aus und wechsle erste Worte mit meinem Gegenüber. Das hat den schönen Nebeneffekt, dass unsere Unterhaltung später vor der Kamera angenehm locker wird. Wenn alles zur Aufnahme bereit ist, komme ich noch mal auf meinen Gesprächspartner zu und begrüße ihn, als hätte ich ihn nie zuvor gesehen. So ergibt sich nach dem Schnitt des Filmmaterials eine stimmige Szene. Die Begegnung mit Andreas Warler können wir ohne diesen kleinen Trick gestalten, denn der wartet wie verabredet auf der Orgelempore auf mich. Das Team geht voraus und stimmt Kamera und Tonaufnahmegerät auf die Lichtverhältnisse und die Akustik im Kirchenschiff ein – vor allem für den Tontechniker ist es eine kniffelige Angelegenheit, die Stimmen ohne Hall aufzuzeichnen. In der Zwischenzeit besuchen die Maskenbildnerin und ich das Klostercafé. Wir sind froh über die Gelegenheit, ganz für uns und ohne Kamera mit einem Kaffee Leib und Seele zusammenzubringen. Es ist ein richtiger Wohlfühlort, hier stimmt einfach alles! Die Architektur zaubert Historisches und Modernes ohne Missklang unter einen Hut, und im angeschlossenen Klosterladen gibt es schöne und wertige Dinge anzuschauen. Ich plaudere gerade ein wenig mit den Mitarbeiterinnen, als einer der Kollegen kommt und sagt: »So, wir sind fertig, du kannst jetzt losgehen.«

***

Es hört sich so einfach an: Geh in die Kirche, steig die Treppe zur Empore hoch, triff dort den Organisten und sprich mit ihm. Aber hier in Steinfeld gibt es einige Fallstricke, die ich vorher nicht bedacht habe. Kaum habe ich die schwere Kirchentür geöffnet, wartet schon die erste Herausforderung auf mich. Wenn ich Freude oder Überraschung empfinde, verkneif ich mir nichts, die gebe ich eins zu eins weiter. Doch der Glaube ist einer der wenigen Bereiche meiner Persönlichkeit, die zu privat und auch zu ambivalent sind, als dass ich sie vor der Kamera ausleben möchte. Ich muss mich also entscheiden: Bleibe ich mir treu und mache beim Betreten des Gotteshauses so wie immer aus Respekt und Wertschätzung ein Kreuzzeichen? Zwei Überlegungen lassen mich davor zurückscheuen: Ich möchte mich nur sehr ungern dabei beobachten lassen, außerdem ist die Gefahr groß, dass diese Geste des Glaubens bei den Zuschauern aufgesetzt rüberkommt. Die Alternative ist, dass ich mich nicht bekreuzige. Auch diese Variante passt nicht zu mir. Was soll ich tun? Dass die Kamera für mein Gefühl zu nah an mir dran ist und die Entscheidung, wie weit meine Emotionen sichtbar sein sollen, zur Gratwanderung wird, erlebe ich beim Drehen nur selten. Das Betreten der Steinfelder Basilika ist einer dieser Momente.

All diese Überlegungen spielen sich in Sekunden ab. Ich entscheide mich für die Variante »Tamina«. Mit der zu mir passenden Ehrfurcht betrete ich die Kirche und mache die Geste des Glaubens. Dabei ziehe ich mich aber emotional so weit aus der Situation raus, dass das, was die Kamera zu sehen bekommt, für den Zuschauer noch zumutbar ist. Das bedeutet, dass ich mich bei aller Authentizität stark kontrollieren muss. Auch wenn es die bessere Variante ist, fühlt es sich nicht hundertprozentig richtig an, eine leise Scham macht sich in mir breit.

Der emotionale Spagat geht noch weiter. Wie so oft geht der Kameramann rückwärts vor mir her, sodass jede Regung meines Gesichts erkennbar ist und der Zuschauer mir später zuschauen kann, wie ich etwas erlebe. Später werden wir die Ankunft noch einmal drehen, dann werde ich von hinten zu sehen sein und die Kamera erobert mit mir gemeinsam den Raum – das ist die »entdeckende Kamera«. Im Schnitt werden dann meist beide Perspektiven kombiniert. Dass jemand vor mir herläuft und die Kamera auf mein Gesicht und meine Gefühle richtet, bin ich gewohnt. Das ist mein Job, das macht mich aus. Doch als ich in Richtung Empore gehe, spielt

Andreas Warler, den ich ja noch gar nicht gesehen habe, die ersten Töne der Toccata von Bach. Es ist das Orgelwerk, das auch den unmusikalischsten Menschen bekannt ist. Um mich herum dröhnt und zittert die Luft, wer da nicht emotional mitgerissen wird, dem ist nicht zu helfen. Ich bin für Musik sehr empfänglich und deshalb diesem Moment in besonderem Maße preisgegeben. Ich muss buchstäblich um Luft ringen. Während ich die schmale, knarzende Stiege zum Organisten und zur Kamera, die oben schon auf mich wartet, hinaufklettere, bin ich wieder zweigeteilt. Die Orgeltöne berühren mich in tiefster Seele, der professionell arbeitende Teil meines Hirns aber weiß genau, dass ich kein Wort rauskriegen werde, wenn ich oben am Ende der Treppe ankomme und ein Gespräch mit dem Organisten beginnen soll. Also stelle ich mir Staubsauger und Gullydeckel vor, sodass wenigstens ein Teil von mir aus der Ergriffenheit herauskommt.

***

Musik ist eine meiner Leidenschaften, manche Stücke treffen mitten in mein Innerstes hinein. Zum Beispiel die Chaconne von Bach. Er hat dieses Solo für Geige geschrieben, als er von einer Reise nach Hause zurückkehrte und erfahren musste, dass seine Frau kurz zuvor gestorben war. Diese Musik nimmt mich mit auf eine Reise durch die Trauer, sie steigert sich, bald schwingen die Töne über alle Saiten hinweg. Am Ende der etwa 15 Minuten langen Komposition steht ein Aufatmen und ich fühle mich gestärkt und aufgebaut. Für mich ist die Chaconne das großartigste Solo für Geige, das jemals komponiert wurde. Leider ist sie technisch so herausfordernd, dass ich nur wenige Teile von ihr spielen könnte. Doch mein Vater hat dieses aufwühlende Musikstück manchmal gespielt, mein Großvater auch. Es hat mich durch mein Leben begleitet und ist mit vielen Lebensthemen und Erinnerungen verbunden. Die Chaconne anzuhören ist für mich ein hochemotionales Therapeutikum, das mich mit Gefühlen überschwemmt und das ich deshalb nur in geringen Dosen zu mir nehme.

Auf einer Autofahrt von Zürich nach Freiburg hörte ich mir die Chaconne nach langer Zeit wieder mal an. Die Kinder waren noch klein und schliefen selig auf der Rückbank, ich saß am Steuer und fuhr sie sicher durch die Nacht. In diesem friedlichen und geradezu heiligen Moment legte ich die CD ein. Ich wusste um den bevorstehenden Aufruhr meiner Gefühle, dass er so total ausfallen würde, hatte ich nicht gedacht. Es war wie ein Dammbruch. Was mich zusammengehalten hatte, löste sich, alles Starre brach weg. Ich heulte wie ein Schlosshund, nicht etwa aus Stress und Erschöpfung, sondern vor ganz großem Glück. Es war ein heilsamer Kontrollverlust, ein dringend nötiger Urlaub vom Den-Alltag-am-Laufen-halten. Dieser Moment gehörte mir ganz allein.

Auch andere Kompositionen lösen emotionale Ausnahmezustände in mir aus. Wenn meine Mutter zu mir sagt: »Willst Du nicht mal wieder die Winterreise von Schubert anhören«, denke ich: »O Gott! Das schaff ich jetzt nicht!« Einige der Lieder halte ich kaum aus vor lauter Gefühlsintensität. Würde ich mir erlauben, sie anzuhören, würde es mich schier zerreißen und ich bräuchte einige Zeit, um wieder einsatzfähig zu sein. Diese Zeit leiste ich mir meistens nicht. Dann lieber eine Nummer kleiner. Neulich saß ich allein im Zugabteil. Ein paar Tage zuvor hatte die große Flutkatastrophe die Eifel heimgesucht, auch Orte, an denen wir einige Zeit zuvor gedreht hatten, wo wir Bekanntschaften geschlossen und uns sehr wohlgefühlt hatten, waren betroffen. Wohin mit der Fassungslosigkeit? Ich wollte meine Emotionen nicht mehr wegdrücken. Ganz im Gegenteil: Mir war nach Musik, mit deren Hilfe ich meinen Empfindungen einen Weg nach draußen weisen und das Geschehen zumindest ansatzweise verarbeiten konnte. Meine Wahl fiel auf Michael Jacksons Earth Song. So mancher wird nun sagen: »O nein! Das ist ja *soo* Mainstream!« Ja, ist es. Da ist jede Note und jedes Videobild wohlüberlegt auf Emotionalität getrimmt. Und genau deshalb hat das Lied eine so große Kraft. Es war ein Gefühlssturm mit Ansage. Ich wusste genau: Der »Earth Song« wird mich umhauen. Aber er wird mir auch helfen, mit meinen Gefühlen klarzukommen. Und genau das hat das Lied für mich getan.

Warum haben wir eigentlich so viel Angst davor, voll in Emotionen hineinzugehen und sie durchbrechen zu lassen? Es liegt wohl daran, dass die Lebensräume, in denen man »sich gehen lassen« kann, immer enger werden, und auch an der Sorge, durch die Preisgabe des Innersten angreifbar zu werden. Diese Einwände scheinen mir auch der Grund dafür zu sein, dass viele Menschen keine Überraschungen mögen. Denn die bergen die Gefahr, die Kontrolle über das Bild zu verlieren, das man anderen von sich zeigen möchte. Merkwürdigerweise macht es mir nichts aus, mich ins Unbekannte zu stürzen – auch wenn das immer ein Risiko ist. Vor allem vor der Kamera braucht es Mut, denn manchmal macht oder sagt man ja was Blödes und das wird dann auch noch sozusagen für die Ewigkeit festgehalten. Gut, dass ich da nicht so empfindlich bin. Es gibt aber auch die Momente, in denen ich am liebsten in meiner Komfortzone bleiben würde, statt mich ins Getümmel zu stürzen.

***

Wir sind in Riga unterwegs. Es heißt, eine Stadt sei ein Gefühl, und genau diesen Gefühlen sind wir in den unterschiedlichsten Städten Europas auf der Spur. Die lettische Hauptstadt überzeugt uns durch den tollen Mix aus Weltoffenheit, Modernität und starker Verbundenheit mit den Traditionen. Weltenbummler Martin, den wir in seinem Biker-Hostel kennenlernen, legt uns einen Besuch im »Folkklubs Ala« ans Herz. Wir haben keine Ahnung, was uns dort erwartet. Von der Straße aus tasten Kameramann Uwe und ich uns durch unscheinbare Räumlichkeiten tief hinunter in mittelalterliche Kellergewölbe vor, wo uns lettische Volksmusik entgegenschallt. Wir entdecken einen großen, gut besuchten Raum, wo eine Liveband mit Akkordeon und Geige aufspielt. Junge Letten tanzen zur Musik einen dieser traditionellen Tänze, bei denen die Partner sich paarweise im Kreis bewegen und gegenseitig weiterreichen. Erstaunt stellen wir fest, dass das hier keine Touristen-Aufführung ist, sondern ein reines Privatvergnügen. Wir setzen uns an den Rand des Geschehens und schauen fasziniert zu, wie sich der Reihe nach jeder bei jedem unterhakt, sich dreht, stampft und klatscht und teilweise auch noch dazu laut singt. Ich bin heilfroh, bei dem bunten Treiben nicht mitmachen zu müssen. Als absolute Anfängerin würde ich mich ja nur zum Affen machen. Ich fühle mich in der Rolle der Zuschauerin sehr wohl und hege wirklich die Hoffnung, dass dieser Kelch an mir vorübergeht. Dabei müsste ich es eigentlich besser wissen …

Einer der Tänzer löst sich aus dem Kreis und kommt auf mich zu. Fordernd hält er mir seine Hand hin. O Gott, wie peinlich! Es ist ganz klar, dass eine Ablehnung keine Option ist. Ich habe keine Wahl, ich muss mit. Ach je! Muss das denn sein? An der Hand meines Tanzpartners stakse ich wie Pinocchio auf der Tanzfläche herum. Uwe greift natürlich direkt zur Kamera und filmt ausgiebig, wie ich ständig an der falschen Stelle stehe und den einen oder anderen bedauernswerten Fuß unter meinen Tritten quasi zermalme. Aber niemand nimmt mir meine Unbeholfenheit übel. Und dann bekommt die Sache eine Eigendynamik. Alle Bedenken fallen von mir ab und ich fege mit den anderen im Kreis herum, hake mich hier und dort unter und finde richtig Gefallen an den immer wilderen Bewegungen. Warum hab ich mich eigentlich so geziert? Wo war das Problem? Es ist so schön, mich einfach fallen zu lassen und mir keine Gedanken zu machen, ob ich das überhaupt kann und wie meine Bewegungen auf die Zuschauer wirken könnten. Und wenn es noch so blöd aussieht – na und? Der Tanz dauert richtig lange, irgendwann bekomme ich sogar das Gefühl, dass ich grob mithalten kann und den Tanz nicht aufhalte, sondern Teil davon bin. Nach dem Schlussakkord taumele ich erhitzt und mit glühenden Backen zurück zu meinem Platz. Zur Belohnung gibt es für uns ein großes Bier und eine Platte mit Leckereien. So wie jeder Aufbruch hat mich auch dieser Überwindung gekostet. Hätte mich der Tänzer nicht so energisch und leidenschaftlich mitgerissen, hätte ich dieses Erlebnis nicht gehabt. Manchmal muss man eben zu seinem Glück geschubst werden.

***

Zurück zur Steinfelder Basilika, der König-Orgel und Andreas Warler. Ich komme aus einer musikalischen Familie und weiß, wie komplex es ist, eine Orgel zu beherrschen. Ein Organist kann alle möglichen Register ziehen und so bestimmte Bündel von Orgelpfeifen – die sogenannten Regale – die Töne von Streichern, Bläsern, Flöten und vielem mehr nachahmen lassen. Bestimmte Orgelpfeifen imitieren sogar das persönlichste Instrument: die menschliche Stimme. Diese Tonfarbe finde ich besonders anrührend – aus gutem Grund heißt es über Gesang in der Kirche: Gesungen ist doppelt gebetet. Wenn der Organist »alle Register zieht« und durch sein Spiel ein ganzes Orchester samt Chor den Raum füllt, kann sich dem kaum jemand entziehen. Der Organist selbst sitzt winzig und wie eingebaut an dieser »Königin der Musikinstrumente«, er greift vor und neben sich, um sie im wahrsten Sinne des Wortes zu bedienen, auf den großen Pedalen sind sogar seine Füße aktiv. Wenn er spielt, durchströmen ihn die Schwingungen und er wird eins mit dem Instrument.

Andreas Warler darf diese Verschmelzung von Mensch, Musik und Instrument jeden Tag erfahren. Dank Gullydeckel und Staubsauger begegne ich ihm nun einigermaßen gefasst. Es stellt sich heraus, dass er ein unglaublich sympathischer Mensch ist, bei dem Leidenschaft, Bodenständigkeit und Humor auf glücklichste Weise zusammentreffen. Als Organist ist er einer der ganz Großen, er hat schon an vielen berühmten Orgeln Europas und Nordamerikas gespielt. Doch er ist weder entrückt noch elitär, er will einfach nur die Orgelmusik aus der ernsten Ecke ins Leben hineinholen und möglichst vielen Menschen zugänglich machen. Das ist übrigens eine Erfahrung, die ich immer wieder mache: Wirkliche Könner sind fast immer freundlich, unkompliziert und professionell. Menschen, deren Talent eher überschaubar ist, fallen eher durch Gezicke auf. Diese Faustregel ist so treffend, dass auch die Umkehrung dieses Zusammenhangs stimmt: Man kann davon ausgehen, dass jemand, der dauernd auf Extrawürsten besteht, in seinem Metier nicht so viel auf dem Kasten hat.

»Komm setz dich hin, ich zeig dir das«, sagt Andreas gleich. Und dann darf ich wirklich verschiedene Register ziehen und Töne ausprobieren. Es ist ein unbeschreibliches Gefühl, ein ganzes Kirchenhaus zum Leben zu erwecken. Was für ein großes Glück! Und gleichzeitig bin ich wieder im Zwiespalt. Meine Reiseerlebnisse möchte ich so unmittelbar und authentisch wie möglich den Zuschauern vermitteln. Es ist zum Beispiel für mich total befriedigend, wenn ich mit einem Zweiglein Rosmarin in der Hand in die Kamera rufe: »Hier! Riech mal!« und der Kameramann ein Bild findet, das den Duft nach Sonne und sinnlichen Genüssen für den Zuschauer erfahrbar macht. Hier an der König-Orgel aber passen mein Wunsch nach Authentizität und mein Bedürfnis, bestimmte Teile meiner Persönlichkeit nicht preisgeben zu müssen, nicht zusammen. Ich kann nicht beiseiteschieben, dass die Kollegen filmen, wie ich in die Musik eintauche, und weiß genau, wie das aussieht, was für ein Gesicht ich dabei mache. Ich sehe das Bild ganz genau vor mir: »Tamina Kallert lauscht der Musik« und fühle mich unwohl. Wo hört das Eins-zu-eins-für-den-Zuschauer-da-Sein auf und wo fängt das Sich-Verbergen oder gar die Effekthascherei an? Auf diese Frage habe ich keine ultimative Antwort. In Situationen wie diesen muss ich sie immer wieder neu ausloten.

***

In einer anderen Kirche fiel es mir leicht, die Zuschauer an meinen Emotionen teilhaben zu lassen. Das war in der Flensburger Marienkirche. Wie durch ein Wunder hatte die über 800 Jahre alte Kirche die Luftangriffe des Zweiten Weltkrieges überstanden. Und dann brach doch noch das Unglück über sie herein. Einen Monat nach Kriegsende explodierte im Flensburger Hafengebiet die dort gesammelte und gelagerte Munition. Die Druckwelle kostete viele Menschenleben und zerstörte auch einen Teil der uralten Kirchenfenster. Käte Lassen, eine im Norden recht berühmte Flensburger Malerin, wurde mit dem Entwurf neuer Fenster beauftragt. Als ich erfuhr, dass die nördlichste Stadt Deutschlands und auch die Marienkirche auf dem Drehplan standen, freute ich mich, denn Käte Lassen ist meine Urgroßtante. Bei uns in der Familie hieß es immer: »Wenn du mal in Flensburg bist ...« Genaueres wusste ich aber nicht. Die bevorstehenden Dreharbeiten waren für mich der Anlass, in meiner Familie nachzufragen: »Wie war meine Urgroßtante eigentlich? Was wisst Ihr über sie?« Nach und nach kam so einiges zu Tage.

Käte war von sieben Geschwistern die einzige, die unverheiratet blieb. Ihre künstlerischen Interessen wurden von ihren Eltern unterstützt, was für die Zeit um 1900 alles andere als selbstverständlich war. Sie konnte eine Kunstakademie besuchen – allerdings wohl nur eine private Ausbildungsstätte, staatliche Einrichtungen waren bis 1919 für Frauen nicht zugänglich. Meine Mutter erzählt, dass sie und ihr Bruder als Kinder bei Käte in Flensburg zu Besuch waren. Sie erinnert sich an eine strenge und etwas schrullige alte Frau, die in einer vollgestellten Dachwohnung lebte. Vor allem ist ihr noch eine große Schreibtischschublade präsent, in der viele, viele Bernsteine lagen, große und kleine, glatte und raue, opake und durchsichtige. In einigen waren sogar Einschlüsse zu sehen! Für die Kinder von etwa zehn und zwölf Jahren war das wie ein Sesam-öffne-Dich. Doch sie durften keinen einzigen der Steine anfassen, nach kurzer Vorführung wurde die Schublade wieder geschlossen. Wie gern hätten meine Mutter und mein Onkel einen Bernstein gehabt! Doch davon war nicht die Rede. Diese und andere Geschichten führten dazu, dass Käte Lassen als strenge und spröde Frau, die mit Kindern nicht viel am Hut hatte, im Familiengedächtnis abgespeichert wurde. Man war stolz darauf, mit einer bekannten Malerin verwandt zu sein, aber das war auch schon alles. Als positiv blieb nur die Sache mit dem Kühlschrank in Erinnerung. Nach Käte Lassens Tod in den Fünfzigerjahren erbte die Familie meiner Mutter einen kleinen Ein-Personen-Kühlschrank. Das war eine große Sache, kaum jemand hatte damals so ein Gerät. Als er geliefert wurde, war das eine kleine Attraktion.

Und nun ergab sich die Gelegenheit, dass wir gerade diese Kirche, in der meine Urgroßtante die Fenster gestaltet hatte, den Zuschauern vorstellen! Als ich die farbenfrohen und streng durchkomponierten Bilder anschaute, ergab sich ein weiterer glücklicher Zufall: Die Pastorin Silvia Fuchs lief uns über den Weg. Sie kannte sich mit den Fenstern ihrer Kirche bestens aus und hatte sogar an einem soeben erschienenen Büchlein über meine Großtante mitgearbeitet. In ihm lädt sie dazu ein, über Bildmeditationen in einen persönlichen Dialog mit den Kunstwerken zu treten. Spontan erklärte uns die Pastorin fachkundig und voller Begeisterung einige Details des Bilderzyklus. Durch sie lernte ich meine Urgroßtante von einer ganz anderen Seite kennen, eine Frau, deren Leben von der Leidenschaft für ihre Kunst bestimmt wurde. Trotz der Kritik, ihre Bilder seien zu hart und kantig, blieb sie ihrer Linie treu. Auch als es später hieß, ihre Kirchenfenster seien zu unreligiös, ließ sie sich nicht beirren. Überzeugend und liebevoll vermittelte die Pastorin, dass diese Kritikpunkte genau die Stärke von Käte Lassens Werken darstellen, denn im Zentrum ihrer Kunst steht immer der Mensch. Mich berührten diese Ausführungen sehr. Besonders gefreut hat mich ein Zitat von dem berühmten Maler Emil Nolde über meine Urgroßtante: »Ja, sie ist ganz anders. Aber sie ist wahr, und sie hat es sich nie leicht gemacht. Ich achte sie sehr.«

In der Flensburger Marienkirche fand ich nicht nur einen neuen Zugang zu meiner Urgroßtante, sondern auch zu unserer Familiengeschichte insgesamt. Denn ein wenig zieht sich Käte Lassens Unabhängigkeit und Leidenschaft durch unseren Stammbaum. Weil ich nun so viel über sie weiß, ist mir klar geworden, dass zum Beispiel ihre Nichte, meine eigenwillige Großtante Irmgard, von der ich in meinem ersten Buch erzählte, ganz klar in deren Fußstapfen getreten war. Und wer weiß, wer in den kommenden Generationen die Fackel weiterträgt.

Apropos Fackel und Beleuchtung … Später stellte sich heraus, dass der Kameramann für die Aufnahmen im Dämmerlicht der Kirche eine Kamera verwendet hatte, mit der er noch nicht vertraut war. Alle Bilder waren unscharf! Er musste später noch einmal hinfahren und neue Bilder des Interieurs aufnehmen. Mein

Besuch in der Marienkirche samt dem Gespräch mit der Pastorin, das ein Highlight der Sendung hätte werden können, konnte nicht verwendet werden.

***

Fehler gehören mit dazu, wenn Menschen im Spiel sind. Der Trend zur Automatisierung, der auch die Medienbranche erfasst hat, scheint mir Fluch und Segen gleichzeitig zu sein. Im Journalismus gibt es mittlerweile Texte, die zu hundert Prozent von einem Computer geschrieben werden. Künstliche Intelligenz fügt immer erfolgreicher die Sätze so zusammen, dass der Leser den Beitrag bis zum Ende liest und nicht einfach weiterblättert. Ähnlich ist es in der Musiksparte. Beim Audio-Streaming-Dienst Spotify wird nach Klickzahl abgerechnet. Weil der Klick nicht zählt, wenn der Kunde nicht lang genug bei dem Lied bleibt, werden heute viele Songs so komponiert, dass möglichst viele Nutzer länger dabei bleiben – zum Beispiel wird die Melodie besonders eingängig gestaltet und der Refrain kommt besonders früh. Alles Neue, Eigenwillige, das die Hörgewohnheiten herausfordert, hat inzwischen viel weniger Chancen, überhaupt auf den Markt zu kommen.

Bei unseren Reisesendungen darf ich mich immer wieder aufs Neue ins Unbekannte wagen und mich auf Unvorhergesehenes einlassen. Als klassische Studiomoderatorin wäre ich deutlich eingeschränkter. Weil Licht und Ton perfekt auf das Setting zugeschnitten sind, müsste ich jede Bewegung im Vorfeld abstimmen, damit die Aufnahmegeräte an Angeln oder auf Schienen nachrücken können. Einen Vorteil hat die Studio-Welt allerdings: Es gibt keine unvorteilhaften Schlagschatten im Gesicht des Moderators. Outdoor und Studio sind zwei völlig unterschiedliche Welten. Deshalb kann es auch mal mühsam werden, wenn Teammitglieder aus dem Studiobereich im »Freiland« eingesetzt werden. Wenn ich spontan irgendwohin renne, weil ich etwas Spannendes entdeckt habe, kommen sie buchstäblich nicht mit und wir müssen noch einmal von vorn anfangen. Man kann es natürlich auch andersherum sehen: Sie haben nach allen Regeln der Kunst ein Bild eingerichtet, und ich springe auf einmal aus dem festgelegten Rahmen heraus. Im Grunde stehen die Studiokameramänner und -frauen vor der Aufgabe, eine totale Umkehrung ihrer Welt zu verkraften: Wenn wir auf Reisen sind, geht es nicht darum, dass sie Bilder aufnehmen und ich erzähle was dazu, sondern ihre Bilder sollen für das, was ich erlebe und erzähle, einen visuellen Ausdruck finden und so noch einmal vertiefen.

Einmal hatte ich eine Reise hinter mir, für die ein Kollege, der sich mit dem spontanen Drehen gut auskennt, kurzfristig ausgefallen war. Er war durch jemanden ersetzt worden, der unter Studiobedingungen top ist, aber nur wenig Erfahrung mit Reportagedrehs hatte. Um es kurz zu machen: Die vielen Diskussionen mit ihm waren zeitraubend.

Was für ein Geschenk, sich blind aufeinander verlassen zu können! Das bedeutet nicht, dass es in einem gut funktionierenden Team keine Auseinandersetzungen gäbe. Jeder von uns hat seine ganz persönlichen Vorlieben, Vorurteile und Herangehensweisen, und je nach Zusammensetzung des Teams sind wir mal mehr, mal weniger geschmeidig unterwegs. Doch mit dem gemeinsamen Ziel, dem Zuschauer etwas Besonderes bieten zu wollen, finden wir immer irgendwie zusammen. Wenn dann noch Großmut dazukommt, dass die Teammitglieder wechselweise sagen können: »Ich würde es mir zwar anders wünschen, aber macht mal! Ihr wisst ja, was Ihr tut«, dann ist es trotz aller Herausforderungen und Anstrengungen ein schönes Arbeiten.

***

Meine Teamkollegen und ich haben einen Kreativberuf, da ist es selten, dass einer seinen Job nur absitzt. Die meisten von uns tun viel dafür, auch noch das letzte Quäntchen Qualität aus der jeweiligen Reise herauszuholen. Nur die allerbesten Filmmomente schaffen es in die fertige Sendung, denn die Ansprüche an uns und an die Qualität dessen, was wir dem Zuschauer bieten wollen, sind hoch. Durch verbesserte Technik und Logistik und nicht zuletzt dank der hohen Einsatzbereitschaft der Teams bringen wir es auf etwa 10 Minuten Sendezeit pro Drehtag. Unterm Strich ist jede Sendeminute ein irrer Aufwand an Zeit und persönlichem Einsatz. Da ist der Kameramann, der seinen Wecker auf fünf Uhr in der Früh stellt, um eine besondere Lichtstimmung zu filmen. Die Tonkollegin, die am Meeresstrand so lange wartet, bis auch die letzten Touristen abgezogen sind, und sie die »Atmo« – also die puren Naturgeräusche – aufnehmen kann. Die Maskenbildnerin, die rund um die Uhr für das Wohlergehen des Teams sorgt und in sengender Hitze Erfrischungstücher für alle aus ihrer Tasche zaubert. Die Autorin, die sich spätabends in ihr Zimmer zurückzieht, um das gedrehte Material zu sichten, Termine zu fixieren und zwei, drei Tipps von Einheimischen nachzugehen – auch wenn das bedeuten kann, dass einige der Highlights, die sie zuvor mit Herzblut vorbereitet hat, wegfallen. Sie alle und viele mehr brennen für ihre Arbeit und stellen das Endergebnis über ihre Befindlichkeiten. Mit dieser Leidenschaft kommt kein Computer mit.

Auch von mir ist manchmal ein besonderer Einsatz gefragt. Ich denke da zum Beispiel an die schwimmende Sauna mitten in einem norwegischen Fjord. In die Sauna und ins Tauchbecken geht man – zumindest in Europa – unbekleidet. Wir fanden einen guten Weg, die entsprechenden Szenen dem Zuschauer ganz unverkrampft zu zeigen: In der aufgeheizten Sauna filmte der Kameramann mich und den einzigartigen Blick durch das große Panoramafenster aufs Wasser und auf die Berge. Das dauerte aber nur wenige Minuten, so richtig warm bin ich nicht geworden. Dann ging es nur mit rotem Badetuch bekleidet auf den langen Holzsteg. Es sollte gezeigt werden, wie ich nach dem Saunagang ins Tauchbecken steige – in diesem Fall: direkt in den Fjord. Weil ich das schlecht mit Saunatuch machen konnte, wurde diese Szene mit einer Drohne gefilmt, die so weit oben flog, dass ich nur als kleiner schwimmender Punkt im Fjord sichtbar bin. Es kostete einiges an Überwindung, in meinem schon jetzt etwas durchfrorenen Zustand in das eiskalte Fjordwasser einzutauchen. Gut, dass auf den aus dreißig Meter Höhe aufgenommenen Bildern meine blauen Lippen nicht zu sehen sind!

Danach brauchten wir diese Szene noch einmal aus einer anderen Perspektive: Die Kamera ist auf mein rotes Badetuch scharfgestellt, es gleitet zu Boden und man sieht mich – unscharf dann im Hintergrund – ins Wasser gehen. Nach dem ersten Bad war ich schon im Schnatter-Modus. Jetzt also noch einmal hinein in den Fjord! Bibbernd eilte ich schnell wieder die Leiter hoch. Wo war mein dicker Pulli? Doch der Kameramann bedauerte: »Tamina, ich bin mir nicht ganz sicher, ob die Bilder von dir unscharf genug sind. Zur Sicherheit machen wir die Szene lieber noch einmal.«

Ich war also gleich dreimal in der Eiseskälte. Und weil wir die Sauna nur für eine Stunde gebucht hatten und die nächsten Gäste schon im Anmarsch waren, konnte ich mich noch nicht mal in der herrlich heißen Sauna aufwärmen. Nur eine Armeslänge von mir entfernt bullerte sie verheißungsvoll vor sich hin, aber wir mussten zurück an Land. Es hat einige Zeit gedauert, bis ich wieder eine halbwegs normale Kerntemperatur hatte. Aber es hat sich gelohnt. Ich habe diesen traumhaften Ort nicht ganz auskosten können, aber die Zuschauer haben ein Gefühl dafür bekommen, was für ein Wohlfühlerlebnis hier auf einen wartet.

***

Dafür, dass Leidenschaft einen großen Lohn in sich trägt, ist unsere Whalewatching-Tour auf den Azoren ein gutes Beispiel. Hier sind die vorbeiziehenden Wale manchmal sogar vom Ufer aus sichtbar. Früher wurden sie gejagt, heute sind gebuchte Touren eine wichtige Einkommensquelle für die Einheimischen. Weil Wale zur Geschichte der Inseln gehören, wollen wir in zwei kleinen, gecharterten Booten näher an die Giganten der Meere herankommen. Noch während wir uns im Hafen auf die Tour vorbereiten, zieht übers Meer rasend schnell Sturm mit peitschendem Regen heran. Einen so krassen Wetterwechsel habe ich selten erlebt. Innerhalb weniger Minuten dreht sich das Wetter komplett und sogar wir Landratten merken, dass sich draußen auf dem offenen Meer die Wellen gefährlich hoch auftürmen. Am liebsten würden wir alle die Fahrt abblasen; wären wir Touristen, würden wir es auch tun. Dann könnten wir gemütlich zum nächsten Programmpunkt übergehen und hätten vielleicht sogar endlich mal Zeit für einen kleinen Kaffee zwischendurch. Aber dies ist unsere einzige Chance, den Zuschauern die Wale von Nahem zu zeigen, einen zweiten Versuch gibt der Drehplan nicht her. Nun hängt alles von unserem Kapitän João Quaresma ab: Wagt er die Tour? Er ist ein echter Seebär, man schaut ihm ins Gesicht und denkt sich: Wenn der es nicht kann, dann kann es keiner. Er nickt, also fahren wir. Die Kameras werden dick eingepackt, dann besteigen wir die Boote – im zweiten Boot wird ein Teil des Teams Aufnahmen vom ersten Boot machen. Unser Skipper steht im Heck in einer kleinen Kabine, die ihn minimal vor Wind und Wetter schützt, wir anderen sitzen exponiert mit Blick nach vorn rittlings auf einer durchgehenden Kissenbank. Die Fahrt durch den Hafen ist schlimm. Es schüttet wie aus Kübeln und das Boot hüpft auf brettharten Wellen. Sobald wir den Schutz der Molen verlassen, wird das wilde Auf und Ab noch extremer. Mit voller Wucht brettern wir in die Wellen hinein, sodass wir nicht mehr wissen, wo oben und unten ist. Wir sind den Elementen vollständig ausgeliefert, es ist, als wolle uns die Natur mit aller Macht zurück auf die Insel treiben.

Später im Film sieht die Sache deutlich zahmer aus. Diesen Effekt kennt wohl jeder, der schon mal Fotos oder Videos von seinen eigenen Abenteuer-Reisen gezeigt hat. Die grässlichsten Abgründe sehen aus wie Spazierwege mit etwas Gefälle, und halsbrecherische Geschwindigkeiten wirken manchmal so, als ob eine lahme Ente unterwegs gewesen sei. Bei unseren professionellen Dreharbeiten nutzen wir bei Actionszenen oder bei dynamischen Drehbedingungen auch sogenannte Gimbals. Diese Geräte gleichen ruckelnde Bewegungen aus und stabilisieren das Bild. So wird aus unserem wilden Ritt eine etwas rustikale Vergnügungspartie. Aber ich weiß noch gut, wie hundsmiserabel elend einigen von uns war. Still und käsebleich hielten wir uns krampfhaft an den Griffen fest. Damit mein Mageninhalt nicht die verkehrte Richtung nahm, starrte ich so gut es ging auf den Horizont. Das half ein wenig gegen die Übelkeit. Später stellten wir fest, dass wir alle denselben Gedanken hatten: Sind wir völlig verrückt, die Tour bei diesem Wetter zu machen? Und die Antwort lautete ebenfalls unisono: Ein bisschen schon!

Je weiter wir uns vom Festland entfernen, desto mehr Sonnenstrahlen brechen durch die pechschwarze Wolkendecke. Nach zwanzig Minuten Höllenfahrt klart es deutlich auf. Zwischen den Wolken ist nun wieder Himmel zu sehen, so blau wie eine Stunde zuvor. Das Meer ist noch sehr kabbelig, aber durch die immer noch dunklen Wolken sticht jetzt die Sonne auf uns herab. Auf einmal ist eine kleine Walgruppe um uns herum, darunter eine Walmutter mit ihrem Kalb. Frei und elegant bewegen sich ihre schwarz schimmernden Körper durch die glitzernden Wellen, es sieht aus wie flüssiges Metall. Es ist ein Moment großen Glücks. Da ist sogar schnell die Peinlichkeit vergessen, dass ich einmal frage: »Wo ist der Fisch?« Dass Wale Säugetiere sind, weiß ich eigentlich, ich wäre trotzdem am liebsten im Boden versunken.

***

Nicht nur die eigenen Leidenschaften machen das Leben bunter. Es macht auch großen Spaß, auf Menschen zu treffen, die für ein Thema brennen. Meine Erinnerung führt mich wieder nach Schottland, auf die Insel Skye. Dort traf ich Dugald Ross, der schon als Kind von Dinosauriern fasziniert war. Zu seinem Glück war das heutige Schottland vor vielen Millionen Jahren ein Hotspot für die urzeitlichen Echsen. So konnte er im Laufe seines Lebens fantastische Funde machen und sich zu einem anerkannten und mit Wissenschaftlern in aller Welt vernetzten Experten entwickeln. Mitten im Nirgendwo hatte er ein Privatmuseum aus dem Boden gestampft, in dem er viele seiner Entdeckungen ausstellt. Das wollten wir mit dem Drehteam besuchen. Wieder einmal spielte das Wetter nicht mit, der Regen peitschte von der Seite, man sah kaum die Hand vor Augen. Wir wollten schon absagen, entschlossen uns dann aber doch zu der längeren Autofahrt zum »Taigh Tasgaidh« – das ist Gälisch und bedeutet »Museum«. Dass wir uns wie gewohnt verfuhren und später ankamen als geplant, muss ich an dieser Stelle nicht erwähnen, oder? Das Museum entpuppte sich als winziges Steinhäuschen. Zweifelnd sahen wir uns an: Und deswegen sind wir hergekommen? Naja, sagten wir uns, jetzt sind wir schon mal hier, dann schauen wir auch rein. Beim Losfahren war es uns noch gelungen, den Regen auszutricksen, und wir waren recht trocken ins Auto gekommen. Doch hier reichten die paar Meter vom Parkplatz zum Dachüberstand des Museums, dass wir nass bis auf die Knochen wurden. Wir traten ein und sahen uns in dampfender Kleidung die Fundstücke unseres Gastgebers an. Der stürzte sich gleich auf uns und erzählte, wie es in Schottland ausgesehen hat, als das Land vor Urzeiten noch in Äquatornähe lag. Dann berichtete er uns mit leuchtenden Augen von einer seiner bedeutendsten Entdeckungen: einer etwa dreißig Meter langen, im Fels an der Küste erhaltenen Dinospur. Seine Leidenschaft sprang auf mich über und ich schlug vor, diese Spuren anzuschauen. Der Kameramann winkte ab: »Bei diesem Regen können wir unmöglich filmen, das Licht gibt auch keine Konturen her. Wie soll man da Spuren im Stein aufnehmen?« Doch der Dinoforscher ließ nicht locker: »Es ist hier gleich um die Ecke!« Wir ließen uns mitreißen: »Vielleicht gelingen ja doch ein paar Filmaufnahmen.« Also fuhren wir noch einmal los. Wir hätten es uns eigentlich denken können – wenn Menschen ihrer Leidenschaft folgen, heißt es immer: »nur mal schnell eben einen Abstecher machen«, »es ist nicht weit« oder »es dauert nicht lang«. Wir fuhren und fuhren, der Weg zog sich endlos. »Wie lange fahren wir noch?«, fragten wir immer wieder. Und jedes Mal kam die Antwort: »Nur noch ein bisschen.« Wir umkurvten eine Felsnase nach der anderen und dachten jedes Mal: »Okay, *das ist es* jetzt aber!« Irgendwann kam eine sich dem Meer zuneigende Felsplatte in Sicht, an der sich mit Getöse die Wellen brachen, und Dugald sagte endlich: »*This is the spot!*«

Noch bevor der Kameramann die fünf Plastikschichten um seine Kamera gewickelt hatte, waren wir schon wieder völlig durchnässt. Rinnsale liefen über unsere Gesichter. Die Maskenbildnerin gab auf: »Tamina, da kann man nichts machen. Das wird jetzt Freestyle.« Und der Tonmann schüttelte seinen Kopf: »Hier kann ich nur Regengeprassel aufnehmen.« Während wir noch neben dem Auto standen und versuchten, uns und das Equipment so gut es ging abzudichten, war Dugald Ross längst von der Straße auf die Felsplatte hinuntergesprungen und winkte fröhlich zu uns herauf. Er verstand gar nicht, was unser Problem war. In seiner im Wind flatternden Regenjacke rannte er gleich zu seinen geliebten Dinosaurierspuren. Vorsichtig kletterten wir ihm auf dem rutschigen Fels nach. Als wir bei ihm ankamen, wurde uns sofort klar, warum diese Dinosaurierspuren so lange unentdeckt geblieben waren: Man konnte kaum etwas erkennen! Nur wenn man wusste, wonach man Ausschau halten musste und in einem bestimmten Winkel schaute, konnte man auf der abschüssigen Felsplatte in regelmäßigem Abstand Abdrücke von einem knappen Meter Durchmesser sehen. Dugald lief glückselig mit großen Schritten in dieser Spur. Und wir? Waren wir enttäuscht? Überhaupt nicht! Denn die Begeisterung Dugalds hatte sich längst auf uns übertragen. Es war wirklich ein erhebendes Gefühl, genau dort zu stehen, wo früher einmal ein Saurier gelaufen war. Ich wollte ein Foto machen, aber alles war so nass, dass mir gleich das Handy aus der Hand rutschte und auf die Steine knallte. Egal! Ich kniete mich hin und legte meine Hand auf eine der Fußstapfen: Genau hier hatte das gewaltige, etwa 30 Tonnen schwere Tier einen Fuß hingesetzt. Auf einmal war der Regen gar nicht mehr so lästig, ich stellte mir eine schwülwarme Atmosphäre vor, hohe Baumfarne und das riesige Tier, das die Erde auf seinem Spaziergang zum Erzittern brachte.

Was von diesem Tag bleibt, sind die Bilder der Kameraleute Horst und Rüdiger, denen es entgegen aller Erwartung und trotz der Wasserrinnsale auf der Kameralinse gelang, die Dinospuren im Bild festzuhalten, und die Erinnerung an sieben Leute, die im schottischen Hochsommer in Fleecepullovern und dick gefütterten Regenjacken auf einer abschüssigen Felsnase zwischen ein paar rundlichen Erhöhungen aufgeregt im Fels umherspringen und sich wie die Schneekönige freuen.

EINE REISE INS ICH

*So wie jeder andere im Universum,
verdienst auch du selbst deine liebe und Zuneigung.*
Buddha

Es ist kaum zu glauben, aber es gibt tatsächlich noch Geheimtipps für Reisende, die Rom und den Vatikan besuchen. Einer von ihnen befindet sich gleich links neben dem Petersdom, einem der größten Touristen-Hotspots der Welt. Nur wenige Schritte von Gewusel und Bombast entfernt kann man in die schlichte und stille Welt des von hohen Mauern umgebenen Campo Santo Teutonico abtauchen. Auf diesem Friedhof finden die Mitglieder einer Bruderschaft ihre letzte Ruhe, die seit fast 600 Jahren Pilger aus Deutschland und Flandern versorgt und in den angrenzenden Räumlichkeiten ansässig ist. Noch heute werden in der Kirche dieser Bruderschaft die Gottesdienste auf Deutsch abgehalten. Der Friedhof selbst ist sogar noch ein paar Jahrhunderte älter. Er ist winzig, vielleicht dreißig mal dreißig Meter, eine Ruheinsel in einem Meer der Geschäftigkeit. Damit das so bleibt, lassen die Schweizer Gardisten, die das Gittertor namens *Arco delle Campane* bewachen, normalerweise keine Touristen von den öffentlich zugänglichen Arealen zu den Gebäudetrakten im abgeschlossenen Bereich dahinter passieren. Doch deutschsprachige Besucher haben die Chance, durchgelassen zu werden, allerdings nur vormittags, und auch dann klappt es nicht immer.

Wie so oft bei speziellen Orten hatte die Redaktion viel herumtelefonieren müssen, bis wir eine Drehgenehmigung für den Campo Santo Teutonico hatten. Recht teuer war die Erlaubnis auch, abgerechnet wird in solchen Fällen meist pro Sendeminute. Filmaufnahmen im Petersdom hätten übrigens Tausende Euro gekostet. Weil Bilder von diesem Zentrum des katholischen Glaubens bei einer Sendung über Rom nicht fehlen dürfen, war dies einer der seltenen Fälle, in denen wir auf Archivmaterial zurückgriffen. Ich finde, dass das eine gute Lösung war, der Petersdom ist schließlich genauso »ewig« wie die Stadt Rom selbst, aktuelle Bilder aus seinem Inneren unterscheiden sich nicht von denen, die ein oder zwei Jahre zuvor aufgenommen wurden.

Schon auf der Anfahrt zum Campo gab es im Teambus Diskussionen darüber, was und wie wir auf dem Friedhof filmen würden. Das machen wir sonst auch so, aber weil unser Zeitfenster für die Dreharbeiten auf dem »Deutschen Friedhof« so sparsam bemessen war und wir es möglichst effizient ausnutzen wollten, geriet die Debatte besonders intensiv. Welche Ausrüstung würden wir brauchen? Nehmen wir das Stativ mit? Meist hat niemand etwas dagegen, wenn an sensiblen Orten mit einer kleinen Kamera gefilmt wird. Wir hatten aber schon erlebt, dass wir trotz Genehmigung von einem Wächter verscheucht wurden, sobald der Kameramann ein großes Gerät auf seine Schulter nahm. Wir überlegten auch, wie wir in unseren Aufenthalt starten würden. Welche »Geschichte« sollten wir erzählen? Einen Nachdreh würde es nicht geben, deshalb durften wir keine Einstellung vergessen. Der Druck erhöhte sich noch, weil wir keine Ahnung hatten, ob wir gleich an der Schweizer Garde vorbei zum Friedhof gehen konnten oder ob wir noch einmal in einem Büro vorsprechen und einen Erlaubnisschein organisieren mussten. Noch auf dem Weg von unserem Teambus zum Friedhof bewegten wir uns mit unseren Fachsimpeleien in unserer ganz eigenen Blase.

Problemlos gelangten wir an der Garde vorbei durch das Tor zum nicht-touristischen Bereich, fanden den Friedhof und begannen eilig mit den Dreharbeiten. Schnell hatten wir die Szene »Tamina betritt den Friedhof und beginnt, sich umzuschauen« im Kasten. Dann mussten Kameramann und Tontechniker technische Einzelheiten miteinander besprechen. Zu diesem Thema konnte ich nicht viel beitragen, also setzte ich mich ein paar Schritte vom Team ab und schaute mich um. Mir war vorher gar nicht aufgefallen, wie herrlich schattig und kühl es hier unter den alten Bäumen war. Ich ging von Grabstein zu Grabstein, einige Inschriften konnte ich entziffern und bekam eine Ahnung davon, welche Biografien mit dem Ort verbunden waren. Erst jetzt realisierte ich, wo ich eigentlich war. Zehn, fünfzehn Meter weiter standen die anderen immer noch beisammen und diskutierten, wie das ganze Geraffel am besten eingesetzt werden sollte. Genau dort hatte ich eine Minute zuvor auch gestanden und meinen Senf dazugegeben. Erst aus der Distanz fielen mir unsere Aufgeregtheit über eigentlich ganz banale Dinge unangenehm auf. Wir waren in eine Welt eingefallen, in der seit Jahrhunderten Frieden herrscht und all das Wichtigtun und Herumwirbeln einfach nur fehl am Platz war.

Ich ging zurück zu den Kollegen. »Mensch Leute, lasst uns ein bisschen leiser sein«, meinte ich. Zuerst schauten sie mich nur erstaunt an, aber dann tauchten auch sie so langsam aus ihrer Geschäftigkeit auf. Ich schlug vor, dass wir trotz Zeitnot die erste Einstellung noch einmal machen, es war mir jetzt peinlich, wie dynamisch ich in diesen Friedhof reingestapft war – total unpassend, sich an diesem Ort so zu bewegen. Ich wollte zurückhaltender sein, leiser sprechen. Auch bei den Teamkollegen drehte sich die Stimmung. Wir alle wurden leiser und aufmerksamer. Nun erst teilte sich der Ort uns mit und zog uns in seinen Bann. Wir machten sehr ruhige Aufnahmen davon, wie ich über die Wege laufe. Wir waren auch übereingekommen, dass ich gar nicht so viel sage und wir die Bilder für sich wirken lassen.

Wie so oft stellte sich heraus, dass die anfängliche Hektik gar nicht nötig war. Wir konnten länger als geplant auf dem Campo Santo Teutonico bleiben, niemand achtete auf unser Zeitkontingent, niemand vertrieb uns. Mit allen notwendigen Aufnahmen im Gepäck traten wir aus den schattigen Gassen zurück auf den in der Sonne gleißenden Petersplatz, wo die Menschen in langen Schlangen darauf warteten, den Dom zu besichtigen.

***

Ich bin immer wieder erstaunt, wie hochgedreht ich manchmal unterwegs bin, beruflich und auch privat. Leider bemerke ich das – wenn überhaupt – meist erst im Nachhinein. Warum bist du eigentlich so durch das Museum gerannt?, frage ich mich dann. Und warum musste der Kaffee im Stehen getrunken werden? Es wären doch ein paar Minuten Zeit gewesen, sich hinzusetzen. Mit der Ruhe kommt die Aufnahmebereitschaft für kleine Bildausschnitte, die sogar eindrücklicher nachhallen können als Petersdom, Eiffelturm und Freiheitsstatue zusammen. Eine dieser Momentaufnahmen ist der Schildkrötenhals auf den Seychellen. Wir fuhren mit einem kleinen Boot zu der unter Naturschutz stehenden Insel Cousin, auf der nur eine begrenzte Zahl an Besuchern zugelassen ist. Gleich nach dem Aussteigen aus dem Boot erfuhr ich die Zutraulichkeit von Tieren, die nicht ständig von Menschen behelligt oder gar gejagt werden. Auf einem Strauch saß eine Feenseeschwalbe, ein kleiner, strahlend weißer Vogel, der seinem Namen alle Ehre macht: ganz sanft, schmal und großäugig sieht er aus. Beim Näherkommen dachte ich: Gleich fliegt er weg! Aber er blieb ganz zutraulich sitzen. Wir sind so daran gewöhnt, dass alles vor uns flieht, dass wir es gar nicht begreifen können, wenn es mal anders ist. Die kleine Fee legte ihr Köpfchen schräg und schaute mich neugierig an. Ich schaute genauso neugierig zurück, ich hätte sie wohl berühren können, doch das hätte das friedliche Einvernehmen von Mensch und Tier gestört.

Bald sehen wir unsere erste Riesenschildkröte. Nicht nur auf den Galapagosinseln gibt es sie, auch auf den Seychellen sind sie beheimatet. Hier sind sie sogar besonders zahlreich vertreten. Unser Exemplar ist riesig, ihr Panzer ist gut eineinhalb Meter lang. Unser Führer kennt alle Schildkröten in diesem Gebiet persönlich und erklärt, dass diese hier über hundert Jahre auf dem Buckel hat. Vorsichtig hocke ich mich neben sie, zuerst mit einigem Respekt, ich bin mir nicht sicher, ob sie mit ihrem schnabelartigen, hornigen Maul nicht doch empfindlich zubeißen wird. Doch die anfängliche Zurückhaltung ist gar nicht nötig. Unbehelligt gehen die Schildkröten ihres Weges, sie nehmen kaum Notiz von dem, was um sie herum ist. Als ich mich neben sie hinhocke, reckt sie ihren Hals vertrauensvoll weit aus ihrem Panzer heraus. Ich kann es nicht fassen, sie scheint geradezu darauf zu warten, dass ich sie berühre! Ihr Hals ist ledrig-weich, trocken und warm, faltig und ein wenig schuppig. Mein Tastsinn weiß gar nicht, wie er all diese Eindrücke gleichzeitig aufnehmen soll. Es ist ein unglaubliches Gefühl! Auch für die Schildkröte ist es offenbar ein Wohlfühlmoment. Genießerisch zwinkert sie mit ihren Augen und reckt den Hals noch ein bisschen weiter vor. Wie lang so ein Schildkrötenhals ist! Dann bewegt sie sich weiter, um langsam und genüsslich in ein saftiges Blatt hineinzubeißen. Ich bin voller Dankbarkeit für diesen Moment. Ich durfte um die halbe Welt fliegen und auf dieser abgelegenen Insel ein Tier am Hals kraulen, das geradewegs aus der Urzeit stammt. Nichts Trennendes gab es hier zwischen Mensch und Tier – eine Erfahrung, die mich tief berührt hat. Viele Menschen haben mir von Begegnungen mit Tieren erzählt, in denen sie eine Ahnung davon bekamen, dass alle Lebewesen miteinander verbunden sind. Dies ist so ein Moment für mich.

***

Wie sich der Schildkrötenhals anfühlte, werde ich wohl nie vergessen. Andere Reiseerfahrungen waren auch stark, aber die meisten von ihnen laufen Gefahr, von immer neuen Abenteuern überdeckt zu werden. Mein Beruf bringt es mit sich, dass ich all die Eindrücke gar nicht sacken lassen kann, zu groß ist das Tempo, in dem ich von Programmpunkt zu Programmpunkt und von einer Reise zur nächsten haste. Wenn ich zwischendurch nach Hause in den Schwarzwald komme, geht es mit der Familie hochtourig weiter und ich komme wieder nicht zur Ruhe. Deshalb fällt mir auf Knopfdruck gar nicht so viel ein, wenn ich gefragt werde: »Mensch, erzähl mal!« Natürlich sind all die Erlebnisse irgendwo in mir gespeichert, aber es ist nicht so einfach, sie wieder hervorzuholen. Als ich während der Lockdowns 2020 aktiv nach schönen Erlebnissen in mir fahndete, wunderte ich mich, dass ich meine Fotos als Gedankenstütze brauchte, um die Erinnerungen wieder zum Leben zu erwecken.

Ich wünschte mir, ich könnte spätestens zum Abschluss einer beruflichen Reise das Erlebte noch mal in aller Ruhe Revue passieren lassen. Genau dafür steht in den Wunderschön!-Sendungen der rote Rucksack. Der wird dann noch mal aufgemacht und der gesammelte Inhalt begutachtet. So werden für die Zuschauer die Begegnungen wieder lebendig und die Erlebnisse ziehen noch einmal am inneren Auge vorbei. Mir hilft das leider nicht so sehr. Weil ich mit der Moderation beschäftigt bin, ist es für mich kein wirkliches Innehalten.

Wir haben übrigens immer zwei rote Rucksäcke mit dabei, denn die Sendungen werden öfter ausgestrahlt. Zweimal können die Zuschauer den Rucksack mit den gesammelten Erinnerungen gewinnen. Deshalb brauchen wir auch kleine Andenken, die es in doppelter Ausfertigung gibt. Einzelstücke können wir leider nicht verwenden, und wenn sie noch so schön sind. Nur bei den handgefertigten Wollschals aus Masuren nahmen wir in Kauf, dass die Farben nicht ganz übereinstimmten. Wir sagten uns, dass der Gewinner es bei so einem tollen Stück Handwerkskunst bestimmt verschmerzen würde, dass sein Exemplar nicht ganz genau den Farbton hatte wie der Schal, den wir in der Sendung zeigten. Anfangs hatten wir oft einen regionaltypischen Schnaps, einen Wein oder manchmal auch eine besondere Biersorte im Gepäck, denn die Flaschen waren gut transportabel und gingen nicht gleich kaputt, wenn jemand ein schweres Gepäckstück ungeschickt ins Auto wuchtete. Irgendwann überlegten wir dann, dass es wohl kein gutes Signal ist, den Rucksack jedes Mal mit Alkoholika zu füllen. Seitdem war nur noch ab und zu ein Marillenschnaps aus der Wachau oder ein Demeter-Wein aus Südtirol mit dabei.

∗∗∗

Nicht nur den Zuschauern, auch dem Team war der Inhalt des Rucksacks sehr wichtig. Manches wurde uns von unseren Gastgebern geschenkt, anderes wurde gemeinsam von den Kollegen und mir ausgesucht. Bei den Überlegungen, wie wir die sechs bis acht kleinen Geschenke zusammenstellen, waren wir nicht immer einer Meinung. Bei der Alpenüberquerung kamen wir an einem Souvenirstand vorbei. Den musste ich mir unbedingt anschauen! Auch wenn das Angebot in solchen Shops nicht immer besonders wertig und geschmackvoll ist, komme ich kaum an ihnen vorbei. Sie verraten viel über die Highlights der Region und darüber, worauf die Menschen stolz sind. In diesem speziellen Souvenirladen fand ich ein Stoffmurmeltier, das auf Knopfdruck entweder pfeifen oder jodeln konnte. Die Kollegen wendeten sich mit Grausen ab, aber ich war sofort verliebt. Ein jodelndes Murmeltier könnte ich stundenlang bespielen und mich daran erfreuen. »Den müssen wir unbedingt für die Zuschauer mitnehmen!« Zum Glück für die Kollegen erledigte sich die Diskussion von allein, denn ich hatte ganz vergessen, dass wir auf der Alpenüberquerung ausnahmsweise gar keinen kleinen roten Rucksack mit dabei hatten. Wir hatten ja unsere großen auf dem Rücken. Ein Jodeltier kam dann doch noch mit – für meine Kinder.

Dank der schönen Dinge, die wir für den Rucksack sammelten, waren die Zuschauer schon während des gesamten Drehs in unseren Gedanken präsent. Die Zusammenführung der Mitbringsel am Ende der Reise war allerdings jedes Mal eine logistische Herausforderung. Zum einen waren wir ja immer mit mehreren Autos unterwegs und mussten auch oft das Fortbewegungsmittel wechseln, zum anderen sedimentierten manche der kleinen Geschenke mit der Zeit im Gepäck immer weiter nach unten. Wenn die abschließende Begutachtung anstand, kam es regelmäßig zu einer hektischen Suche: »Wo ist das Karabiner-Set aus dem Klettergarten?« Einmal vergaßen wir bei der finalen Aufreihung eine Dose mit Fisch, die uns ein Seemann mitgegeben hatte. Weil wir die Szene nicht herausschneiden wollten, in der er sie uns huldvoll überreichte, mussten wir die Schlusseinstellung noch einmal nachdrehen.

Unvergessen ist auch die Sache mit dem Bademantel. Nach einem langen Drehtag in Südostasien liefen uns in unserer Unterkunft zwei Gäste in weißen Bademänteln über den Weg. Der Autor war begeistert: »Mensch, Tamina, sind die schön! Das wär doch was für unseren roten Rucksack!« Ich dachte nur: Nee, das kann doch jetzt nicht sein! Genau die gleichen gibt es in Hotels überall auf der Welt, die sind doch komplett austauschbar und haben so gar keinen regionalen Bezug! Vehement sprach ich mich gegen diese Idee aus, doch der Autor ließ nicht locker. Eigentlich hatten wir ganz andere Sorgen, aber nach und nach mischten sich auch die anderen Teammitglieder in die Diskussion ein: »Wieso? So ein Bademantel ist doch praktisch, damit kann jeder etwas anfangen!«, sagten die einen. Und die anderen meinten: »Nee, das geht gar nicht! Da fällt uns doch was Besseres ein!« Es war eine Fifty-fifty-Situation. Jede Fraktion fand eine Menge Gründe, warum der weiße Bademantel unbedingt in den Rucksack musste oder eben nicht. Ging es wirklich nur um einen Bademantel? Zum Glück drehte sich plötzlich die Stimmung, weil wir die Komik der Situation erkannten. Der Bademantel wurde auf dieser Drehreise zum Running Gag. Wenn wir in schwüler Hitze litten und nichts mehr herbeisehnten als eine kühlende Brise, sagte einer: »Da ist man doch froh, wenn man einen dicken Bademantel dabei hat.« Rannten wir schwer bepackt im Schweinsgalopp vom Auto zu einer Attraktion, hieß es: »Wer hat eigentlich den Bademantel?« Oder wir saßen spät abends auf einen Absacker in einer Hotellobby und kamen langsam in eine Entspannung hinein – »Mensch, jetzt ein flauschiger Bademantel!« Das gute Stück sorgte immer wieder für beste Laune. Das ist nun schon ein paar Jahre her, und ich bin mir nicht mehr ganz sicher, ob ein Bademantel es am Ende in den roten Rucksack geschafft hat. Hat er? Har er nicht? Über all den Witzeleien habe ich es wirklich vergessen. Vielleicht meldet sich ja der Gewinner oder die Gewinnerin der damaligen Sendung bei mir, falls »das dicke Ding« tatsächlich existiert und eine liebevolle Heimat gefunden hat.

***

Der Rucksack wurde zum Markenzeichen der Wunderschön!-Reihe – »Ach, das ist die Sendung mit dem roten Rucksack!« Wenn ich auf meinen Reisen Fans begegne, kommt fast immer noch vor dem ersten Selfie: »Was ist denn schon drin im roten Rucksack?« Sogar an einem einsamen Strand auf den Seychellen hechtete mich ein deutscher Urlauber an: »Na, Frau Kallert, wo ist denn der rote Rucksack?« In den über siebzehn Jahren, in denen die Sendung schon ausgestrahlt wird, gab es in der Redaktion ein- oder zweimal Überlegungen, ob es den Zuschauern nicht langweilig wird und wir der Sendung ein neues Konzept gönnen. Aber man kam schnell zum Schluss, dass ein lieb gewonnenes Ritual nicht ohne Not über Bord geschmissen werden sollte.

Doch nun ist das Ende des bekannten Wunderschön!-Rucksacks doch noch gekommen. Der Grund ist irgendwie nachvollziehbar: Fernsehen zu festen Sendezeiten verliert an Bedeutung, immer mehr Menschen streamen die Sendungen per Internet. Das zeitlich begrenzte »Gewinnen Sie den Rucksack!« passt nicht mehr zu dieser neuen Sehgewohnheit. Also wurde »ganz oben« entschieden, dass die Sache mit dem roten Rucksack neu aufgesetzt wird. Er wird moderner aussehen, ohne den Retrotouch, den er hatte. Und es werden auch keine Andenken mehr gesammelt. Als dieser Entschluss öffentlich wurde, gab es in der Redaktion viele Tränen. Auch bei mir. Irgendwie war der Rucksack zu einem festen Teil des Teams geworden, der nun abserviert wurde.

Andere Dinge bleiben. Zum Beispiel, dass wir in unseren Sendungen viel Wert legen auf die kulinarischen Spezialitäten einer Region, denn sie verraten viel über das Leben ihrer Bewohner. Vor allem bei den Städtereisen wollen wir auf diesem Weg den Lebensgewohnheiten der Einheimischen auf die Spur kommen. Die Suche nach Genüssen, die den Kostenrahmen von 300 Euro für zwei Personen und ein ganzes Wochenende nicht sprengen, hat schon zu vielen glücklichen Erlebnissen geführt. Eines der schönsten war unser Acht-Gänge-Menü bei einem Sternekoch in Madrid. Acht-Gänge bei »2 für 300«? Das scheint nicht zusammenzupassen. Wie kam es zu diesem Highlight?

Im Laufe der Jahre haben Uwe Irnsinger und ich Gefallen daran gefunden, uns gegenseitig mit kleinen Extras zu überraschen. In Antwerpen hat Uwe mich zum Beispiel ohne Vorwarnung in einen Diamantenladen geführt, wo er mir einen winzigen Diamanten schenkte, der in unser 300-Euro-Budget passte. Und in Sevilla stand auf einmal eine rot-schwarz-gewandete Tänzerin in der Tür, die mir eine Flamencostunde gab. Eigentlich sollte man immer, wenn man zu zweit unterwegs ist, solche kleinen Überraschungen aus dem Hut zaubern. Sie sorgen für die richtige Würze und sind das beste Rezept für eine lebendige Reise, auf der die Zweisamkeit nicht zu kurz kommt.

In Madrid wollte ich mal wieder Uwe überraschen, eine passende Idee war auch bald gefunden. Weil er ein Genussmensch ist und sich so wie ich leidenschaftlich an Schönem erfreut, stand hier ein besonders gutes Essen auf dem Programm. Etwas außerhalb des Madrider Stadtzentrums gibt es den kleinen überdachten Mercado de Vallehermoso. Inmitten der bunten Stände, die köstlichste lokale Produkte anbieten, hat der junge Koch Roberto Martínez Foronda sein Restaurant Tripea eröffnet. Es ist nicht viel mehr als ein Marktstand mit einem einzigen, langen Tisch davor, an dem alle Gäste beieinandersitzen und dem Koch und seinem munteren Team in der offenen Küche bei ihrer Arbeit zuschauen können. Roberto hat für seine Künste einen Michelin-Stern bekommen, deshalb musste lange im Voraus reserviert werden. Ich konnte es gar nicht fassen: Eine Sterneküche mitten auf einem belebten Marktplatz! Uwe ahnte nichts, als wir auf dem Mercado ankamen, er dachte, es ginge nur um die pittoresken Stände. Die waren ja auch wirklich einen Abstecher wert. Er staunte nicht schlecht, als wir uns ins Tripea setzten und uns gleich zu Anfang einen sektähnlichen Cava gönnten. Dann ging es auch schon los mit dem herrlichen Menü auf höchstem Niveau. Ganz begeistert ließen wir uns von der spanischen Küche mit peruanischen und asiatischen Einflüssen verwöhnen. Eine kulinarische Sensation folgte der anderen, alles fürs Auge wahnsinnig aufwendig arrangiert. Wir schlemmten wie selten und genossen den Luxus in vollen Zügen. Damit wir den Rahmen von 300 Euro fürs gesamte Wochenende nicht sprengten, teilten wir uns ein Menü. Diese Mahlzeit riss zwar ein 50-Euro-Loch in unser Budget, doch es hat sich voll gelohnt. Noch heute, Jahre später, erinnern wir uns gerne an diesen besonderen Moment.

Natürlich gibt es auch kulinarische Überraschungen anderer Art. Mit Schaudern erinnere ich mich an das eigentlich superstylishe und wirklich empfehlenswerte Restaurant in einem Vorort von Utrecht, wo wir die sympathische Bedienung gebeten hatten, eine Auswahl der Spezialitäten des Hauses zu bringen. Sie servierte viele Schälchen mit herrlichen Köstlichkeiten, in einer von ihnen thronte eine gebratene Heuschrecke auf einem Vorspeisenhügel. Beinchen, Fühler, Facettenaugen – alle Einzelheiten waren noch perfekt erkennbar. Wir arbeiteten uns durch die Teller, ich stets die Heuschrecke im Blick, die hartnäckig im Zentrum saß. Immer näher kam ihr meine Gabel, immer öfter nippte ich an dem Sake. Irgendwann konnte ich mich nicht mehr vor dem Insekt drücken. Beherzt nahm ich es in den Mund. Die Heuschrecke war kross und nussig, doch wirklich begeistert hat mich dieses Geschmackserlebnis nicht.

***

Ich vermittle Zuschauern Erlebnisse. Sie sehen mir zu, wenn ich Köstliches genieße oder auch nicht so Köstliches. Sie sind dabei, wenn ich mit dem »Roten Bähnli« im Appenzellerland unterwegs bin oder in Nord-Jütland mit einem Bein in der Nordsee stehe und mit dem anderen in der Ostsee. Dieses Für-andere-da-Sein und Erleben ist mein Job. Dazu kommt, dass meine Arbeit immer Team-Arbeit ist. Das bedeutet, stets Kompromisse zu finden und sich in ein größeres Ganzes einzufügen. In meinem Beruf gibt es also keine Solo-Tamina. Wenn wir drehen, steht sogar ein Aufenthalt auf dem stillen Örtchen unter dem Zeichen »Schnellschnell, ich will ja nicht die ganze Truppe aufhalten!« Auch zu Hause im Schwarzwald bin ich für andere da, für Nik und die Kinder, für Freunde und Verwandte – und sie sind für mich da. Ich liebe dieses Leben, immer inmitten von Trubel und Geschäftigkeit, gerne auch im Mittelpunkt, das passt zu meiner Extrovertiertheit. Aber manchmal beschleicht mich der Gedanke: Und wo sind die Momente, in denen ich etwas nur für mich tue? Gibt es sie überhaupt?

Vor einigen Jahren fragte mich einmal ein Arzt: Schlafen Sie lieber kalt oder warm? Ich wusste nicht, was ich darauf antworten sollte. Kalt? Warm? Ich hatte keine Ahnung. Darüber hatte ich mir nie Gedanken gemacht. Eigentlich war ich wegen eines Hautproblems in der Praxis. Einige Tage zuvor hatte ich mir in höchster Not ein Rezept an eine Flughafen-Apotheke faxen lassen müssen, weil mein Gesicht plötzlich stark angeschwollen war – für jemanden, der wenige Stunden später vor der Kamera stehen sollte, ein ziemliches Problem. Mit Cortison hatte ich den Ausschlag kurzfristig in den Griff bekommen, nun wollte ich der Sache auf den Grund gehen. Der Arzt griff nicht gleich zu Salben und Pillen, sondern wollte es genauer wissen: Was war da los? Die Haut ist ja der Spiegel der Seele, und es kann einiges über die Verfassung eines Menschen verraten, wenn seine Haut rau und angespannt ist oder sich sonst wie verändert. Ich konnte nur einen Bruchteil all der persönlichen Fragen beantworten, die der Arzt mir stellte. Im Grunde wollte er sich einfach nur ein Bild davon machen, wie es mir geht. Auch da musste ich passen. Tja, wie geht es mir eigentlich? Keine Ahnung. Gut, irgendwie. Es funktionierte ja alles.

Dieser Arzt brachte mich zum ersten Mal mit dem Prinzip der Selbstfürsorge in Berührung. Es irritierte mich, dass ich so wenig über mich selbst wusste, aber ich zog keine Konsequenzen daraus. Weil die Schwellung im Gesicht nicht wiederkam, wurden Me Time und Achtsamkeit für eigene Bedürfnisse wieder zu Randthemen, die ich glaubte, durch »Mikro-Management« bedienen zu können. Einige Zeit später berichtete ich ganz stolz meinen Freunden – und in meinem ersten Buch –, dass ich nun eifrig meditiere. Es war für mich bahnbrechend, mir morgens zehn Minuten nur für mich zu gönnen. Heute schaffe ich manchmal fünfzehn Minuten oder sogar zwanzig. Aber es gibt auch ganze Wochen, in denen ich es schleifen lasse, weil ich zu faul, zu müde oder überarbeitet bin. Und auch dann, wenn ich mir die Zeit nehme, ist eines klar: Kommt ein wichtiger Telefonanruf oder ruft eines der Kinder, dann war's das mit der Meditation. Dann springe ich auf und bin wieder für andere da. So richtig in meinem Alltag verankert sind diese Auszeiten also nicht. Meditieren tut mir gut, ist aber für mich eine On-off-Angelegenheit.

Ich gehe auch nur ganz selten für mich allein spazieren, obwohl ich das eigentlich sehr genieße. Wenn ich meine Wanderschuhe anziehe, wird meist doch eine gruppendynamische Geschichte draus. »Du gehst raus? Super! Wir kommen mit!« Und die Gelegenheiten, bei denen ich in den letzten Jahren ein Schaumbad länger als fünf Minuten in Ruhe genießen konnte, lassen sich an einer Hand abzählen. Warum stelle ich eigentlich meine Selbstfürsorge immer ans Ende? Warum gibt es Me Time nur dann, wenn nach allem anderen zufällig noch Kraft und Zeit übrig sind?

Mein Job tut mir gut. Meine Familie tut mir gut. Aber müsste ich nicht eine bessere Balance finden, damit die Tamina-Tamina nicht ständig hinter der Job-Tamina und der Familien-Tamina zurücksteht? Ich trinke zum Beispiel nicht genug. Weil ich an langen Drehtagen nicht dauernd auf die Toilette rennen will, habe ich mir über die Jahre angewöhnt, tagsüber nur sehr wenig Flüssigkeit zu mir zu nehmen. Das ist alles andere als gesund. Und doch mache ich es weiter so. Auch nachdem ich diese Sätze geschrieben habe. Verrückt, oder?

***

Es gibt noch mehr Verhaltensweisen, von denen ich weiß, dass sie mir nicht guttun und ich sie trotzdem kultiviere. Da ist zum Beispiel die Sache mit dem Handy. Dass ich mich und andere mit ständigem Fotografieren nerve, habe ich bereits erzählt. Aber auch sonst hänge ich viel zu oft am Handy. Wenn die Kinder schlafen, schaue ich nach: Was ist auf Facebook los, was auf Insta? Ich stolpere von einem Thema zum nächsten und, schwupps, ist eine Dreiviertelstunde weg. Das ist zwar Zeit, die ich allein mit mir verbringe, aber mit Selbstfürsorge hat das nichts zu tun. Denn ich bin ja nicht bei mir, sondern bei anderen. Was passiert gerade in der Welt? Was machen die Kollegen? Wer wechselt zu welchem Format? Wer hat gerade Gegenwind und wer schwimmt auf einer Erfolgswelle? Wenn ich dann endlich das Handy aus der Hand lege, bin ich hochgepusht und liege manchmal lange schlaflos im Bett, weil die Gedanken nicht zur Ruhe kommen. Zum Beispiel die über das Aussehen. Auf den geposteten Fotos sind selten Gesichter zu sehen, in denen die Spuren des Lebens erkennbar sind. Das Geglättete ist dominant. »Hätte ich doch immer Sonnencreme benutzt und wäre öfter im Schatten geblieben!«, denke ich dann. Interessant, wie stark das Schönheits-Thema ins Leben wuchert, auch wenn man das gar nicht möchte! Ich kann nur hoffen, dass ich stark genug bin, um auch in den kommenden Jahren den äußeren Verfall mit innerem Charme wettzumachen – und nicht mit operativen Eingriffen.

Auch wenn beim Drehen oft eine Maskenbildnerin dabei ist, die mich präsentabel macht, begleiten die Zuschauer mich doch schon so lange in allen Lebenslagen, dass sie mich erschöpft, durchnässt und in vielen weiteren Ausnahmezuständen gesehen haben. Wie gut, dass bei Reisesendungen der Druck, immer perfekt aussehen zu müssen, geringer ist als im Studio. Deshalb konnte ich bislang auch vollmundig sagen, dass mir Makellosigkeit nicht wichtig ist. Aber wenn mein Töchterchen auf mein Gesicht zeigt und lacht: »Mami, da sind Falten!«, bin ich doch betroffen. Ganz klar: Auch ich hadere mit dem Thema. Im Moment bin ich mir noch sicher, dass zu einem alten Hals und zu alten Händen kein junges Gesicht passt. Ein paar Fremdschäm-Momente führten dazu, dass ich diese Meinung nicht geändert habe – bis jetzt jedenfalls. Ich möchte authentisch bleiben dürfen, doch in der Fernsehwelt ist das gar nicht so einfach. Mir fällt kein Sender ein, bei dem Menschen ganz selbstverständlich bis zur Rente vor der Kamera stehen. Natürlich muss es auch mal Personalwechsel geben, schon allein um Bewegung in allzu eingefahrene Abläufe zu bringen. Aber sollen solche Veränderungen an der Anzahl der Geburtstagskerzen auf der Torte festgemacht werden? Bei so vielen Berufen gilt, dass handwerkliches Können mit zunehmender Lebenserfahrung immer besser wird. Warum sollte das bei Fernsehleuten anders sein? Neugier und Leidenschaft sind doch keine Frage des Alters!

Bei den öffentlich-rechtlichen Sendern lag die gefühlte Schallgrenze lange Zeit bei etwa fünfzig Jahren. Ob es wohl auch bei mir irgendwann heißen wird: »Tamina, wie lange willst du das eigentlich noch weitermachen?« Ich kann nur hoffen, dass ich dann einem meiner Lieblingssprüche treu bleiben kann: »loslassen, entspannen, einverstanden sein«. Denn an Türen herumzurütteln, die sich bereits geschlossen haben, ist ein elender Kräfteverschleiß. Es gibt in der volatilen Fernsehbranche keine Garantien, für mich als freie Mitarbeiterin schon gar nicht. Und ein Anrecht auf reine First-Class-Erlebnisse im Leben habe ich auch nicht. Deshalb ist mein Plan, die Zukunft positiv gestimmt auf mich zukommen zu lassen. Ganz gleich, was noch kommt, ich werde schon damit klarkommen. Es wird Alternativen geben. Zum Beispiel hat sich mir mit den Lesereisen zu meinem ersten Buch eine wunderbare neue Welt erschlossen. Ganz ungewohnt bin ich dann statt mit Teambus und Riesen-Equipment mit Zug und kleinem Köfferchen unterwegs. Anfangs hatte ich echt den Blues, wenn ich allein in fremden Städten in einem Hotelzimmer hockte. Aber die Dynamik so eines Leseabends ist einfach fantastisch, der Kontakt zu den Menschen noch viel direkter als beim Drehen. Wer weiß, vielleicht entwickle ich mich ja von einer Reisenden zur Geschichtenerzählerin? Das ist eine Perspektive, die mich entspannt. Naja, manchmal jedenfalls …

***

Wenn wieder mal jemand zu mir sagt: »Tamina, Du hast so eine positive Einstellung und nimmst immer alles so, wie es kommt! Toll!«, dann denke ich oft: Na ja! Wenn du wüsstest! Positive Einstellung – das stimmt zu 100 Prozent. Aber locker und lässig? Ich muss zugeben: Zu Hause bin ich nicht immer so entspannt, wie ich es gerne wäre. Nur selten schaffe ich die leichte Wurschtigkeit, in der dem Alltag die Kanten genommen sind und ich Fünfe gerade sein lassen kann. Viel häufiger ist mein ordnungsschaffender Modus verbunden mit Zeterei. Da ist das tägliche Ringen um das Hausaufgabenmachen und das temperamentvolle Gefeilsche um jede Minute, die die Kinder am Handy spielen dürfen. Sie stecken ihre Möglichkeiten und Grenzen immer wieder neu ab und es ist schrecklich anstrengend, eben *nicht* zu sagen: »Ja, dann mach halt!« Ich bin da strenger als Nik – die Rollen für den *good cop* und den *bad cop* sind bei uns klar verteilt. So wie Nik und ich gestrickt sind, passt es, es hat sich einfach so ergeben. Aber will ich so sein?

Neulich waren wir mal wieder draußen in der Natur unterwegs. Es war nass und nebelig, aber das machte nichts, denn wir erlebten trotzdem ein Highlight: die Rettung einer Amsel, die sich in irgendwelchen Schnüren verheddert hatte. Gar nicht so einfach, so ein zu Tode erschrecktes, flatterndes Tierchen zum Stillhalten zu bewegen. Vorsichtig schnitten wir es mit einer kleinen Schere frei. Zur großen Erheiterung der Kinder gab der Vogel vor seinem Abflug zum Dank noch ein Schreck-Kacki von sich. Es war sehr befriedigend, die Amsel wohlbehalten in den Büschen verschwinden zu sehen. Was für ein schöner Familienausflug! Überhaupt ist alles gerade leichter als sonst. Es sind Sommerferien, es gibt keine Diskussionen um Hausaufgaben und Vokabellernen. Im Garten ist ein Zelt aufgebaut, in dem die Kinder übernachten dürfen, bei dem schönen Wetter hockt man auch nicht ständig aufeinander. Doch die Leichtigkeit kann ich nur eingeschränkt genießen, denn ich werde in den kommenden zwei Monaten nur wenige freie Tage haben, die meisten sind schon durchgeplant. Allein dieses Wissen stresst mich. Und je gestresster ich bin, desto enger scheinen meine Bewegungsspielräume zu werden und desto konsequenter meine ich die Familienregeln durchsetzen zu müssen.

Den Nachmittag über war es friedlich, mein Sohn übte freiwillig Klavier, meine Tochter las, im Schuppen wurde gewerkelt. Später spielten die Kinder einträchtig miteinander. Herrlich! Dann war Abendbrotzeit und die Kinder standen vom Tisch auf, ohne irgendetwas in die Küche mitzunehmen. Ich rief erbost hinter ihnen her: »Wie oft muss ich es Euch denn noch sagen! Nehmt Eure Teller und Euer Besteck mit in die Küche! Das ist doch wohl das Minimum! Geht das denn nicht mal von alleine?« Mein Sohn war ganz entrüstet: »Es war jetzt die ganze Zeit friedlich, und dann ist *einmal* was, und sofort schimpfst du!« Recht hatte er. Mein Geschimpfe stand in keinem Verhältnis zur »Missetat«. Ich hätte zumindest mein Anliegen netter formulieren können: »Ihr Lieben! Habt Ihr nicht etwas vergessen?« Und vor allem: Ich hätte wirklich auch mal loben können, dass es den Nachmittag über so entspannt war.

Als Nik und ich heirateten – da waren die Kinder schon im Schulalter – sprach die Pfarrerin mit uns über die Kunst einer liebevollen und lange haltenden Beziehung. Sie fragte uns: »Was meinen Sie, wie sollten Lob und Tadel im Leben verteilt sein?« Ich dachte gleich an 50 : 50, das schien mir geradezu ein Sinnbild für Ausgeglichenheit und Stabilität zu sein. Wenn ich mich anstrengen würde, würde ich dieses Zahlenverhältnis sogar schaffen. Die Pfarrerin lachte nur und meinte: »Auf einmal Kritisieren sollte fünfmal ein Lob kommen. Minimum!« Und dann sagte sie noch: »Und das Lob nicht *denken*, sondern *sagen*!«

***

Es ist so unglaublich schwer, trotz aller guten Vorsätze die eingefahrenen Wege seiner Eigenarten zu verlassen! Wenn ich einen Tag mit dem nächsten vergleiche, scheine ich immer in dieselben Fallen zu tappen. Erst über Jahre hinweg merke ich: Da hat es eine Entwicklung gegeben! Ich bin zum Beispiel immer noch mit größtem Vergnügen bei Canyoning und Wildwasser-Rafting dabei, laufe beim House-Running senkrechte Wände hinunter oder sause im norwegischen Flåmsdalen 1.400 Meter lange Ziplines gen Tal. Und doch muss ich mich nicht immer am Limit bewegen wie zu Anfang meines Berufslebens, als ich noch beim DSF, dem Deutschen Sportfernsehen, arbeitete. Damals lag der Schwerpunkt der Reportagen ganz klar auf krasser Action.

Es ist mein 21. Geburtstag, als Speedbootfahren in Norwegen auf dem Programm steht. Das Gefährt ist ein Schlauchboot mit einem Monstermotor und einem eisernen Gestänge, an dem man sich im Stehen festhalten kann. Als das Kamerateam, das im vorausfahrenden Boot die Aufnahmen machen wird, und ich nicht Rettungswesten, sondern ganze Rettungsanzüge anziehen sollen, schwant mir nichts Gutes: »Wozu braucht es die denn?« Dann lerne ich den Piloten meines Bootes kennen, ein junger Mann von gerade mal 18 Jahren. Ich habe den Eindruck, dass er zeigen will, was er so drauf hat. Ich versuche noch, ihn ein wenig in seinem Eifer zu bremsen: »Es reicht, wenn wir schnell sind, bitte keine Stunts!« Aber dann denke ich: Ach, der wird schon wissen, was er tut.

Wir kacheln los, dass mir Hören und Sehen vergeht. Die Wellen sind wie Beton, ich muss mich mit aller Kraft an den Griffen festhalten. Der junge Mann beginnt, über die Heckwelle des vorausfahrenden Bootes hin und her zu springen, je näher wir ihm kommen, desto wilder springt das Boot. Plötzlich gibt es einen Riesenknall und alles wird schwarz. Fünfzig Schutzengeln ist es zu verdanken, dass ich unverletzt im Fjord dümpelnd wieder zu mir komme, der Rettungsanzug gibt mir genug Auftrieb und hält meinen Kopf über Wasser. Unser Speedboat schaukelt mit total aufgerissener Seite und führerlos vor sich hin, erst auf den zweiten Blick sehe ich, dass der Fahrer bewusstlos halb über Bord hängt. Er ist in das Kameraboot reingerauscht und hat sich am Eisengestänge seinen Kiefer gebrochen. Im Schock funktioniere ich ganz komisch, moderiere noch vom Wasser aus den Unfall und überlege: Streichen wir die Geschichte oder können wir noch was draus machen?

Eine Situation wie diese werde ich wohl nicht mehr erleben. Denn mit der Erfahrung wächst auch die Menschenkenntnis: Wie tickt mein Gegenüber, was bewegt es? Mitterweile habe ich auch den Mut, bei schlechtem Bauchgefühl »Nein« zu sagen. Das ist eine wichtige Erkenntnis: Man muss viel weniger, als man denkt. Vor allem aber hätte ich wohl den Anstand, mich zuerst um den Verletzten zu sorgen, statt beweisen zu wollen, in allen Lebenslagen tough zu sein.

***

Es gibt die schnellen Aufbrüche, die, bei denen man sich sagt: »Hopp! Auf jetzt!« Momente wie das Einsteigen in das Whalewatching-Boot auf den Azoren oder das Berühren des Schildkrötenhalses auf Sri Lanka schaffen Raum für Überraschungen und neue Erfahrungen. Man fasst es nicht, was die Welt für einen bereithält! Und dann gibt es noch das stete Aufbrechen. Damit meine ich die ständige Bereitschaft, neue Farben ins Dasein treten zu lassen und sich langsam driftend immer wieder neu im Leben auszurichten.

Beide Arten des Aufbruchs gehen Hand in Hand. Denn die Frage »Wie will ich mein Leben gestalten? Wie soll es sein?« kann ich nur beantworten, wenn ich eine Auswahl habe. Und diese Auswahl bekomme ich durch die Einsichten, die mir die vielen kleinen Aufbrüche schenken. Im Alltagsmodus gibt es wenig Weiterentwicklung, denn da ist man wie gepanzert unterwegs und wenig aufnahmebereit.

Ob große oder kleine Aufbrüche – sie können mit einem mulmigen Gefühl verbunden sein und mit Unsicherheiten, die man aushalten muss. Aber sie bringen auch Bewegung ins Leben und lassen es atmen. So findet sich eine Balance zwischen den Zeiten, in denen ich zur Ruhe kommen und das Alltagsleben genießen will, und denen, in denen ich neugierig bin auf all die Erlebnisse und Wunder, die es noch zu entdecken gilt. Mit frischem Geist, Selbstvertrauen und etwas mehr Selbstfürsorge als bisher will ich auch in Zukunft die Welt da draußen und auch die Welt in mir entdecken.

DANKSAGUNG

Juchuuu, mein zweites Buch ist da! Danke, liebes Buch, denn Du hast mich nach Monaten des Ausgebremstseins wieder aufbrechen lassen. Auf der Reise zu meinen schönsten Erfahrungen und Begegnungen ist mir wieder einmal bewusst geworden, wie sehr ich es liebe, unvoreingenommen die Welt zu entdecken und mit wunderbaren und inspirierenden Menschen in Resonanz zu treten.

Erneut an meiner Seite war mein Mann Nik. Danke, mein Schatz, dass Du nie die Geduld mit mir verlierst, mich liebevoll begleitest und mir meine Leidenschaft fürs Reisen gönnst. Wie schön, dass es Dich gibt! Danke, meine liebsten beiden Kinder, dass ihr die Mami auch für dieses Buch immer wieder mal habt arbeiten lassen, und Dankeschön, liebe Großmami, dass Du mit Deinem unerschütterlichen Einsatz und zusammen mit Großpapi mir den Rücken frei hältst. Mein Dank gilt auch meinen Freunden und Wegbegleitern, die mich mit ihren Lebensentwürfen und Überzeugungen beflügeln.

Liebe Sigrid Fortkord, tausend Dank, dass Sie und Random House mich zu diesem zweiten Buch ermuntert haben. Ihrer leidenschaftlichen Überzeugungsarbeit konnte ich nicht widerstehen – und ich bin sehr froh darüber.

Was für Glück, dass meine bewährte Reisebegleiterin Bettina Burchardt wieder Zeit und Lust hatte, sich auf dieses neue Abenteuer mit mir einzulassen! Liebe Bettina, Du hast ein feines Gespür für die besten Geschichten und die richtigen Fragen. Du behältst stets die Übersicht und alle Abgabetermine im Blick. Die Gespräche mit Dir sind immer eine Bereicherung und Du bringst meine Erlebnisse und Einsichten mit ganz viel Können stets in die richtige Form. Großartig!

Ganz besonders danken möchte ich auch dem WDR, für den ich seit fast zwanzig Jahren unterwegs sein darf. Danke, lieber Jörg Gänsel, liebe Christiane Möllers, liebe Redaktion von »Wunderschön«. Danke, liebe Moderation-Kolleginnen und Kollegen, liebe Autorinnen und Autoren, liebe Kamerafrauen und -männer, liebe Tontechnikerinnen und Tontechniker, liebe Maskenbildnerinnen und Maskenbildner, Cutterinnen und Cutter, liebe Aufnahmeleitung, liebe Produktionsleitung, liebe Kollegen von der Pressearbeit, liebe Britta, Matthias und Kollegen von Me-works, liebster Uwe natürlich, lieber Rainer Lenz vom Tonstudio in Freiburg. Danke für Eure leidenschaftliche Arbeit und Unterstützung. Ohne Euch würde es viele wunderschöne Filme und Reisegeschichten nicht geben.

Ein von Herzen kommendes Dankeschön auch an Sie, liebe Leserin, lieber Leser, liebe Zuschauerinnen und Zuschauer für Ihre Treue, Ihre tollen Anregungen, Ihr fröhliches Hallo in nah und fern. Ich freue mich jetzt schon auf ein Wiedersehen – im Fernsehen, bei einer Lesung oder irgendwo auf der Welt.

Tamina Kallert

Reisen bereichert – und das Lesen dieses Buches erst recht

Skurriles und Persönliches, manchmal Trauriges, vor allem aber viel Reiselustiges – hier erzählt Tamina Kallert von den Dingen, die in ihren Filmberichten so nicht zu sehen sind. Für ihre TV-Sendung »Wunderschön« hat die erfolgreiche Reisejournalistin über 70 Länder und Regionen bereist. Sie wandert, fährt Rad, Auto, Zug, klettert auf Vulkane, reitet auf Kamelen, sie besucht abgelegene Dörfer, einsame Inseln und pulsierende Städte. Reisen ist ihre Leidenschaft, und sie liebt es, in Welten einzutauchen, die sie noch nicht kennt. Mit ihrer warmherzigen und lebensfrohen Art öffnet sie die Herzen der Menschen und lässt für uns die Welt auf ganz besondere Art lebendig werden.

978-3-453-60571-8